AV女優ちゃん 3

峰なゆか

Vol. 52
汚部屋と毛モジャと私
みてみて!! 新しい彼氏!!
超～イケメンなのッ!!
ハァハァ
ブスやん……
これ絶対童貞でしょ……
のぺ…
隠し撮りした→
え!? ほんまに童貞やったん!?
で? ちんぽデカい?
付き合い始めて三日でもう三回デートしてるんだけどね♡
家からゴム装着してきよった?
実物まんこが思ってたのと違ってちんこ萎えちゃった?
挿れる穴間違えたんとちゃう?
挿れる前に射精しちゃったり?
キシシ!!
毛モジャがそんなことするわけないじゃーん!!

1回目のデート
「峰さん」じゃなくてなゆゆって呼んで♡
キュピ
あの……
僕女性の方を愛称でお呼びした経験がありませんので
2回目のデート
心の準備できた?
できた?
ドキ
ワク
えっと……
な……っ
……ッ!!
3回目のデート
恐れ入りますがやはり「峰さん」ではだめでしょうか
私たち彼氏♡と彼女♡なのに苗字で呼ぶなんて変だよ~!
次回までに心の準備をしてきてもよろしいでしょうか?
うんっ!!
申し訳ないですがもう少し時間をください……
うん……
それでは下のお名前に「さん」を付ける形ではいかがでしょうか?
うん! 呼んでみて♡
それでね!!
キュウ～～ンッ
なゆかさん
って呼んでくれたの……
それだけ!?
三回デートしてセックスしてないの!?
私だってできるもんなら今すぐしたいよ!!

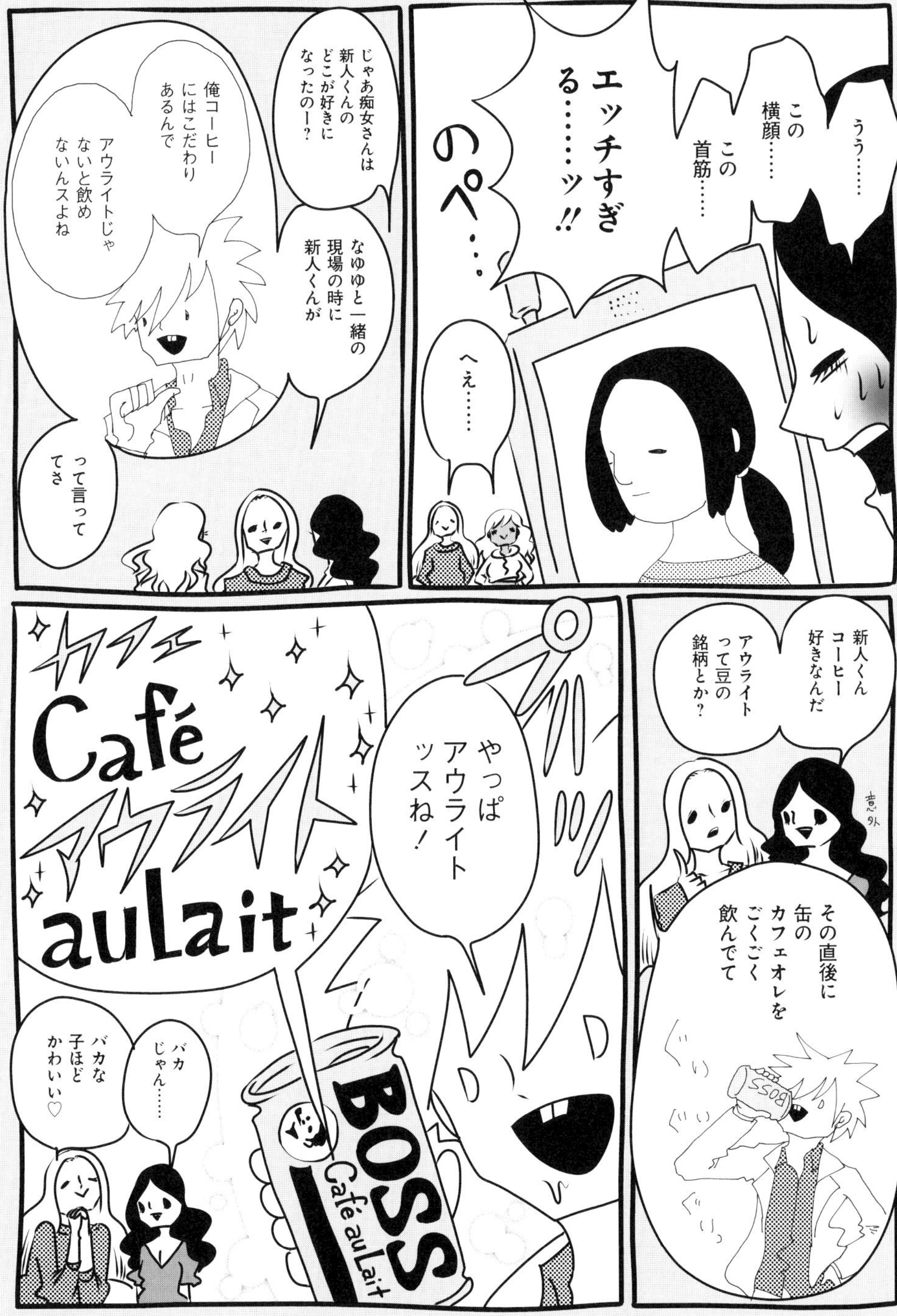
うう……
この横顔……
この首筋……
エッチすぎる……ッ!!
のぺ…。
へぇ……
じゃあ痴女さんは新人くんのどこが好きになったのー?
なゆゆと一緒の現場の時に新人くんが
俺コーヒーにはこだわりあるんで
アウライトじゃないと飲めないんスよね
って言っててさ
新人くんコーヒー好きなんだ
アウライトって豆の銘柄とか?
意外
その直後に缶のカフェオレをごくごく飲んでて
ぐい
ぐい
ぐい
ぐいっ
やっぱアウライトッスね!
カフェ
Café アウライト auLait
BOSS
Café au Lait
バカじゃん……
バカな子ほどかわいい♡

だから黒ギャルちゃんもかわいいよ♡
ケンカ売っとん？
黒ギャルちゃんの彼氏はどんな人？
おるわけないやん！
……なゆゆもかわいいよ♡
えへっ♡ そう？
ていうか新人くんとハメ撮りしたんだけど見るー？
見る～！
ギャハ！
新人くんええ顔するやん!!
なんでAVやったら金もらえることを無料でせなあかんねん
ウチのオメコは有料やで!!
ね？
黒ギャルちゃんってバカだよね？
いや黒ギャルちゃんの言ってること
確かに一理あるような……？
AV女優やってるとハメ撮り流出してもいまさら何のダメージもないし
ハメ撮りし放題でいいよね……
なゆゆもはよ毛モジャとハメ撮りしてきいや！
うん！
明日はね！
私の家でデートすることになってるんだ!!
さすがに家まで呼んじゃえば……
いくら奥手の童貞でも……
ズッコンバッコンやんな!!
そう!!

明日こそは私の家で毛モジャと……♡
ハ……
うちは汚部屋だった!!
一発ヤるだけの男を呼ぶ分には気にしてなかったけど
改めて見ると彼氏と初セックス♡する部屋ではないな
えーと……
まずゴミを捨てる……?
ガサ
ゴミ袋はこの中のどこかにあるはずなんだけど……
ヒエッ!
ガッシャ
灰皿をひっくり返した!
火はついてない!
セーフ!!
キャアッ!
ガッシャ
牛乳をひっくり返した!!
と思ったけど中身が固形になってこぼれなかった!
セーフ!!
いまだゴミ袋が見つからないのに
爪切り7個とハサミ5本が出てきたぞ……?

昨日の夜から
ずっと片付けを
しているつもり
なのだが
状況が
変わって
ない……？
ごちゃ…
むしろより
ひどくなって
いる……？
毛モジャと
約束の時間まで
あと1時間
しかない‼
こうなったら！
ぐぐぐぐ…
全てのものを
壁際に
寄せて‼
ファサ…
布をかけて
隠すッ‼
ピンポーン
お邪魔
します
こちら
つまらない
ものですが
いらっ
しゃい！
さあ！
ゆっくり
していってね！
布ー
えっと……
変わった
インテリア
ですね……

布…
Vol.53
彼氏彼女の事情
えーと……
今日はなゆかさんが手料理をごちそうしてくださるんですよね？
ニコ
ニコ
ハッ！
そういえばそういう口実で呼んでいた!!
まあ私は男ウケスキルとして男の家の冷蔵庫の中にあるもので適当創作料理作る技術を習得してっからな！
パカ
味噌とバターと腐ったキムチしかない!!
味噌
雪印バター
本格キムチ
ん～！
やっぱピザでも頼も～！
はぁ

来るまで映画でも見よっか
ストン
アメリ
はい
ス…
……
ススス…
コホン！
緊張してるの？
ゴホッ！
ゴホ！
ゲホゲホ!!
ゴッホオ!!
ヒュー…
ヒュー…
え!?
大丈夫!?
あの……ゲホッ……
僕喘息持ちで……
そうなんだ
よく発作出るの？
シュコ
いえ……ここ何年かは……
ゲホッ！
発作出てなかったんでもうゲホゲホ！
治ったのかと……
ゲホゲホ！
思ってたんですけど……
ゲッホ!!
とりあえずベッドに横になったりしたほうが……
あの……

多分この布団の……
ハウスダストが原因かと……
布ですべてを隠せたと思っていたが
汚部屋住人にはハウスダストとかいう概念は一切なかった!!
外の空気を吸わせて……もらっても……
ゲホッ!! ゲッホゲホ!!
ヨロ…
うん!
それがいいよ!!
ぜえぜえ……
ピザーラでーす!
あ……はい……
ゴホッ
えっと……
僕今日は帰らせてもらっても……?
ハァハァ
うぐ……
本当に…ごめん!!
っつーわけでせっかく彼氏♡を家まで呼んだっつーのに
セックスできなかったんですよ~!!
ハイッ!
この話はオフレコで~☆

やり直して！
えーと
「やっぱりそんなにおっぱい大きいとモテモテなんじゃないんですか？」
彼氏とか絶対いるでしょって言われるけど本当にいないんですよ〜！
だから性欲すごくて毎月撮影の日が待ち遠しいんです〜♡
キュピルー！
へ〜！
じゃあ次は最近プライベートでした中での最低なセックスを教えてください！
合コンで会ってセックスした男の歯に私の陰毛が挟まってたときですかね！
すごい良かったよ……
なるほど！
「歯に陰毛……」と……
メモ
メモ……
……さっきの話はダメなのに今の話はいいの？
まったく問題ない!!
AV女優はアイドルと同じで表向きには恋愛禁止だ！
AV女優に特定の彼氏がいると思うとなんか萎えるだろ!?
萎
萎
?
でもAV女優にセフレが複数人いるとか
ワンナイトラブをホイホイやりまくってるとか超興奮するッ!!
セフレが7人いて〜
逆ナンよくしてますよ
この間乱交して〜
でも熟女女優が結婚してるのはオッケー!!
※独身
夫に内緒でAVデビュー
おばさんだけど……いい？
現役人妻3P
しかし必ず夫とはセックスレスだという設定にしなくてはいけない!!
夫とはもう何年もセックスレスで……性欲が抑えきれなくてAV出演を決めたのよ……
●REC
※独身

AV事務所にとって一番いいのはホストを彼氏だと思ってる女だ
俺のためにいつもありがとう!
来月俺のバースデーだから出演本数増やせる?
もうスケジュール入れられるだけ入れてるよ♡
二番目にいいのは彼氏がいない女
でもそんなAV女優は滅多にいない
滅多にいないタイプ
彼氏? んなもんおらへんで!!
三番目は自分のマネージャーを彼氏だと思って色恋管理されてる女
爆乳ちゃんの夢を叶えるためにさ!
うんっ♡
二人でがんばろうよ!
うんっ♡
だから中出し解禁しよ!
う……うん……
一番よくなくて一番多いパターンは一般人の彼氏がいる女だ
毛モジャはそんなことしないよ
一般人の彼氏はすぐにAV出演を辞めさせようとして
撮影当日に顔面をボコボコに殴ったりしてくるからな!!
おはようございまーす
そういう「まさか この人が……」みたいなヤツに限ってやるもんなんだよ!!
もう峰さんも新人くんにでも色恋管理されなよ
色恋管理ってそうやって事前に宣言してやるやつじゃなくない?
抜かずの連射46発で孕まされた制服女子の末路

だいたい新人くんは痴女さ……
ちなみに業界的に絶対NGなのは
男優とか他事務所のヤツとか同業者とのガチ恋だから絶対にするなよ!!
でも色恋管理してるつもりでもガチ恋に発展しちゃうことってないの?
イヤ……
それが最近……
爆乳ちゃんマジいい子じゃんって思うこと多くてさ……
ソーセージ目玉焼き丼
ご飯作ったよ♡
叙々苑
こんなおいしいもの食べたの初めて!!
疲れてるならセックスじゃなくてフェラ抜きにしようか?
ん?
さっき峰さんなんか言いかけてた?
ううん!!
なんでもない!!
だら
だら
ピロリン♫
ガチ恋しちゃダメだって自分に言い聞かせてるんだけど
どんどん盛り上がってきちゃって……
おっ♡
また爆乳ちゃんからメールだ♡
From 爆乳ちゃん
Sub いきなりごめん
最近どんどん私達冷めてきてるなって
マネ君も感じてたと思うんだけど、私達
別れたほうがお互いのためになると
思う あと他に好きな人ができて
付き合うことになりました
ちなみにドッグランで出会ったお医者さん
です マネ君もすてきな人を見つけ
て幸せになってね

は？
全然傷ついてないしぃ!?
そりゃ爆乳ちゃんはちょっといいとこもあったけど
ちょっとウザいとこもあったし!!
別にちょっと好きとか思ってないし！
Vol. 54
禁断の恋のゆくえ
異臭中年オヤジに抜かずの連撃46発で孕まされた制服女子の末路
そもそも色恋管理してただけだし!!
え〜と
そろそろ監督面接行く時間ッスね
今日は峰さん主演の若妻モノの姑として出演する熟女さんと一緒の打ち合わせッス
はーい
俺……
傷ついてないし……
大手セルメーカー

なゆかちゃん久しぶり♡
またよろしくね♡
わ～
熟女さ～ん！
あれっ
よっ
なゆゆ！
痴女さんッ♡
……
なゆゆの事務所の人？
え？
え？
新人くんってマジでバカなんだな……
マネ君が魂抜けてない時だったら勘づかれてるだろ……
お久しぶりです～
いや一昨日……
あっ
そっスね！
……
あっ
もしかして現場で一回だけお会いしましたかね
ッス!!
そっスね！一回だけ！
私たち同じ事務所なんだ
先日は現場にお伺いできずすみません
私が大先輩よ
うちの痴女と熟女がお世話になりました
(株)鬼子母神プロ
代表取締役
都渋谷区神宮前

痴女さんはいつもの監督だから一人で大丈夫だよね？
私は熟女さんの方に付き添うから終わったら待ってて
はーい
ドキッ
禁断の恋
エンジョイ勢
じゃあ今回の目玉は峰さんの放尿解禁ということで！
ん〜
なゆかちゃん本当に放尿大丈夫なの？
うん！
だって尿出すだけなんだよね？
飲むとか被るとかじゃなくて尿を出すだけなんてセックスするより全然チョロくない？
そういうことじゃなくて……
じゃあ撮影日は二人の生理予定が被らない日程で組むってことで――……
ヴーー
ヴーー
新人くんはマジでバカなので
着信中 15:12
痴女さん
ヴーーッ

痴女さんからの着信画面を痴女さんとのハメ撮りに設定していた
ヴ
ヴーー
着信中
痴女さ
あの……これは……違くて……
え〜と……
うちの商品に手出ししたんですね？
ヴ
いいか新人くん
俺らの仕事は女を肉にして売ることだ
ッス？
そこら辺を歩いてる女は放牧されてる牛！
ンモ〜ウ
その牛たちのランクを見極めてAV女優という肉に捌いて売るのが俺たちの仕事だ！
ドナドナドーナードーナー

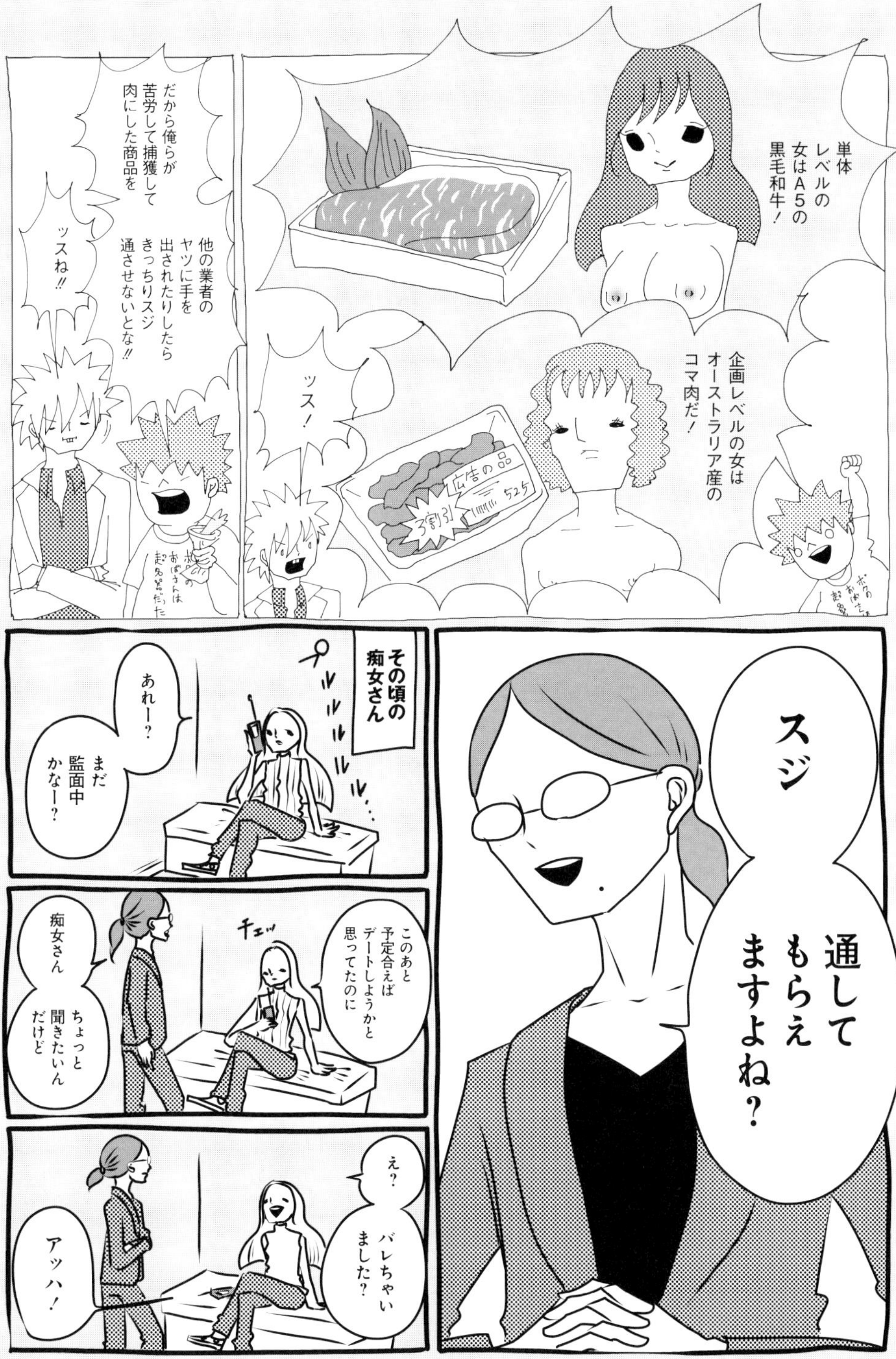

単体レベルの女はA5の黒毛和牛!
企画レベルの女はオーストラリア産のコマ肉だ!
広告の品
3割引
525
ッス!
だから俺らが苦労して捕獲して肉にした商品を
他の業者のヤツに手を出されたりしたらきっちりスジ通させないとな!!
ッスね!!
スジ
通してもらえますよね?
その頃の痴女さん
プルルルルル…
あれー?
まだ監面中かなー?
このあと予定合えばデートしようかと思ってたのに
チェッ
痴女さん
ちょっと聞きたいんだけど
え?
バレちゃいました?
アッハ!

AV女優に色恋管理をするのはオッケー
しかしAV女優とガチ恋をするのはNG
でもAV女優とのガチ恋を隠し通して晴れて結婚するとなるとなぜかみんなから祝福される!!
というかなり謎なシステムがAV業界にはあるよ!
というわけで痴女さん!!
俺と結婚してほしッス!!
やだよ
スジ
通してくださいね?

で
痴女さんとの関係はいつから？
せ……先月の撮影の後から……
どれくらいの頻度で会ってた？
週に2〜3回くらいッス……
ふ〜ん
痴女さんのギャラは一本50万だから
じゃあ週3回として一月で12回
六百万円
え？
Vol. 55
スジの通し方
600万円を？
俺が払うってことッスか？
で……
でも……
週2〜3回って言ってるのになぜ週3回に固定？
だいたい普通AVのギャラって長時間セックス3回とフェラ抜き一回分のことじゃないスすか？
俺早漏なんでいつも一回で2分くらいしか持たないのに
なぜその1セックスでAV一本分の値段を自己申告のどんぶり勘定で……
新人くん

スジ通すってのは
こういう矛盾もすべて受け入れることなんだ
ちなみにAV女優は責任能力のある人間とは違いただの商品なので
女のほうから誘おうがなんだろうが常に無罪放免である
痴女さん！
メッ！
メンゴ～☆
牛肉がスジ通したら不味くなっちゃうからね～
うまい！
座布団一枚！
笑点
お前六百万持ってる？
ご……
5年かけて貯めた俺のBMW貯金が五百万円くらい……
よし！
今すぐ全額おろして来い!!
残りの百万円分は何とかこれで勘弁してください!!
ウワァーーー!!

じゃあ今回は これで手打ち ってことに しておくんで
あざす!!
AV業界人は いきなり丸坊主に なることがあるが こういった事情が ある場合が多いよ!
うう……
金も 失い……
髪も 失い……
女も 失い……
ヨロ……
ヴーッ ヴーッ
もし もし……
新人 くん?
痴女 さん!?
も～
実名で登録 しないのは 基本でしょ
とりあえず 私の番号は 「ドンキホーテ 新大久保店」とかに 登録し直してね
えっ
じゃあまた 連絡くれる ってこと ッスか!?
ていうか 今から デートしよ♡
今度は バレない ようにね
ッス!!
禁断の恋 エンジョイ勢 リターンズ
おはよう ございまーす
チュン
チュン

おはよう 今日の共演 楽しみね
本日は私も同行しますね
おはよう ございます……
フラ…
あっ 爆乳ちゃんだ！ なんで？
爆乳ちゃんも別現場で撮影なんスよ
あの……
前から言ってるけど私やっぱりもうこの仕事辞めたくて……
また その話!? もうスバルビル前まで来てるんだよ!?
でも……
スル…
ていうか 撮影前に帽子かぶってると髪に癖ついちゃうッスよ？

こうすれば
もうAV出そうと
思っても出せない
かなって思って……
AV女優がいきなり
丸坊主にして
くるのも
業界内では
あるあるだよ！
はーい!!
40万円
こんなことも
あろうかと事前に
アデランスで
地毛にしか見えない
高級ウィッグを
オーダーメイド
してありまーす!!
AV女優がAV出演を
辞めるのはすごく難しい
今日は
これつけて
撮影して!!
でも中出しは
さすがに……
お医者さんの
彼氏に悪いし……
よく洗えば
バレない
って！
セペいっぱい
買ってある
から！
それにもう
次の仕事
探してて……
事務職ぅ？
月給
17万ん？
爆乳ちゃんちの
家賃いくら
だっけ？
に……
二十万
円……
どうやって
生活すんの？
求人
それに爆乳ちゃん
今までほんと
がんばって
きたじゃん？
こんなにがんばって
きて今辞めちゃう
なんて今までの努力
無駄になっちゃうよ？
う……
それに俺らの事務所
爆乳ちゃんのおかげで
続けられてるから
爆乳ちゃんが
辞めちゃったら
会社潰れちゃう
よ……
え……
じゃあ
今回
だけ……
カポ

そうだよね
いきなり狂ってる
経済感覚戻すの
難しいもんね
オッ そのワンピ
ミュウミュウ?
あっ
分かります〜?
今まで誰かに
そんなに褒めて
もらった経験
なんてないもんね
爆乳ちゃんのこと
撮りたいって監督
めっちゃいってさー
え!
そうなんです
か!?
自分が必要と
されている存在
なんだって思える
のって気持ち
いいもんね
メーカーの人からも
ぜひ契約延長したい
ってお願いされてて〜
うーん…
じゃあ あとちょっと
だけ…

AV女優がAV女優を辞めるのはすごくすごく難しい

3!
2!
1!
キュー!
アンッ♡
カットー!!
あなたたちみたいな
女の子に優しく
し続けてくれる
人間なんて
AV事務所のヤツ
くらいしか
いないもん
辞められないよね

Vol. 56
ロスジェネの憂鬱
今回の作品は20歳の若妻をゲットした旦那だが
まだまだ魅力的な嫁の母親にも誘惑され
ウフフ…
最終的に親子丼放尿3P!!
シャー
シャー
というストーリーだ!!
どういうストーリーなんだ……?
でもさぁ熟女さんって36歳でしょ?
私のこと16歳で産んだって設定なの?
?
それはフィクションだからいーんだよ!!
そもそも36歳は公称年齢で私実年齢は26歳よ?
え!?
なんで実年齢より年上ってことになってるの!?
AV業界内で「若い女」としての価値があるのは18〜20歳
がんばってもせいぜい22歳まで!
23〜27歳は若い女としての価値はないし熟女カテゴリにも入らないAV女優界のロスジェネだから
逆サバ読んで熟女としてデビューするパターンが多いよ!
18歳
20歳
22歳
実年齢
28歳
逆サバ
死
若い女
若い女…?
若い女じゃなく熟女でもないロストジェネレーション!
熟女

AV業界では28歳以上の女が熟女として分類される!!
というとアラサー女性は阿鼻叫喚に陥るのだが
28歳で熟女って何なんだよ!!
ズズ…
女のイメージする「熟女」が完全なるおばちゃんであるのに対して
アダルトサイトの「熟女」カテゴリで検索する男性というのは
さすがにもう18歳女子○生コスとかには興奮できないな……
同僚のOLとか隣の奥さんとかの方が……
ムチムチ熟れっ子 28歳 熟女
ピチピチロリッ子 18歳美少女
ニャンニャン FUCK
という割とマトモな感覚の30代～40代以上男性が多いので安心してね!

峰さんは19歳には見えない19歳だったけど
恋のから騒ぎ
峰なゆか(19)
恋のから騒ぎで実年齢モロに出てたから19歳としてデビューできたんだけどさ〜
私がAVデビューしたのは実年齢18歳の時だったんだけど
峰さんレベルの老け顔だったのよね……
峰さんレベル……
う〜ん……
本当に18歳なの？
そっすね
おっぱいも垂れてるし……
あーし中学んときからこうなんすけど
若かりし日の熟女ちゃん(18)
じゃあ熟女女優としてデビューしよう！
年齢は28歳ってことで！
28歳なのにこんなに綺麗なんて!!
25歳くらいに見えるぞ！
(18歳)
熟女さん(28)
だから18歳でデビューしたAV女優でも2年経って20歳になっちゃうともう「若い女」としての価値が下がるから
芸名変えて熟女女優として再デビューするリサイクル案件も多発している!!
女子○生 小鳥遊ひよこ20歳
人妻 東堂厚子32歳
一ヶ月後
25歳に見える18歳よりも
25歳に見える公称年齢28歳の方が需要があるよ！
ちなみに「若い女」カテゴリのAV女優は必ず公称ウエストサイズが59センチ以下であるのに対して
熟女になると公称ウエストが60センチ〜62センチくらいになるのがポイント！
公称サイズ
B93 W59 H89
B90 W61 H93
※現実の20代日本人女性の平均ウエストは約65センチです

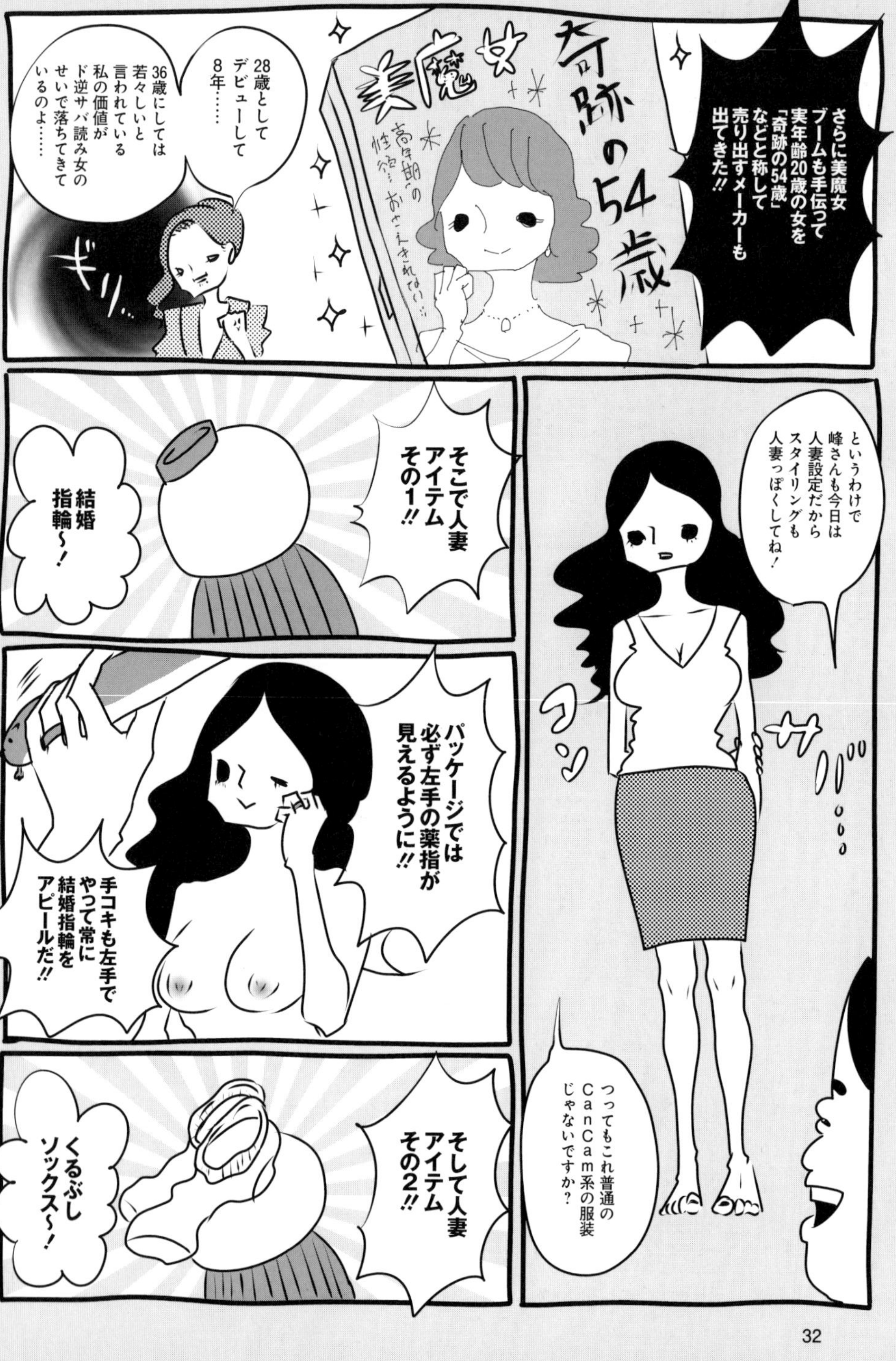
さらに美魔女ブームも手伝って実年齢20歳の女を「奇跡の54歳」などと称して売り出すメーカーも出てきた!!
奇跡の54歳
美魔女
28歳としてデビューして8年……
36歳にしては若々しいと言われている私の価値がド逆サバ読み女のせいで落ちてきているのよ……
ギリ…
というわけで峰さんも今日は人妻設定だからスタイリングも人妻っぽくしてね!
コン
サバ
つってもこれ普通のCanCam系の服装じゃないですか?
そこで人妻アイテムその1!!
結婚指輪～!
パッケージでは必ず左手の薬指が見えるように!!
手コキも左手でやって常に結婚指輪をアピールだ!!
そして人妻アイテムその2!!
くるぶしソックス～!

え……!?
CanCam服にくるぶしソックスを合わせるだけでなぜか専業主婦感が出る……!!
ふふふ……
これがAV業界が積み重ねてきた人妻スタイリングスキル!!
それじゃあ撮影前に朝ごはん食べようか
AV業界ではなぜか朝ごはんを現場側が用意してみんなで食べるという慣習があるよ!
またコンビニの冷たいおにぎりとペットボトルのお茶か~……
やだな~
ガサ
あっ
女優さんにはこっち用意しときましたんで
あ……朝マック!!
しかもスタバのラテまで!!
うめえうめえ!!
こういうのが食べたかったんだよ~!!
バスローブ一枚じゃ寒い季節だし
背中にホカロン貼りまくっておいたから
わ~!
ありがとうございます!
トイレの洗面所の水で口すすぐの抵抗あったら
このミネラルウォーター使ってね?
そうそう!
これいつもちょっとイヤだったんだよ!
おいしい水
大振りのアクセサリードライヤーで人肌に温めておいたよ
冷たくない!
マジありがてえ~!!

女社長さんって
AV女優の
してほしい
細かいこと
めっちゃ
わかってるよね？
やっぱ
女の人
だから？
でもメイクさんも
女の人だけど
ここまで気を
回せる人会った
ことないし……
メイク
女性自身
ていうか
AV事務所の
経営者で
女の人って
珍しいよね？
次の衣装の
ストッキング
すぐ履ける形に
整えて
おくね
わあ
それ超
助かりま……
ゴソ
ゴソ
タトゥー
すげえ
入ってる〜！
女社長さんって
もしかして
そっち系の
人なのか？
ヒソ…
仁義!!
ん〜……
あのねえ
これ監督くんから
聞いたんだけど
女社長さんも
昔AV女優
だったんだって

Vol.57
例のプール
そうそう AVなんて一本 出たらずるずる 引退引き延ばされて
もう やめたい!!
気づいたら 20代後半の 職歴ナシ女の 出来上がりで
本当に 今回は絶対 やめる!!
職歴も一般常識も ない人間に昼職が 務まるわけもなく
また 遅刻!?
次やったら クビだよ!?
AVなら マネージャーが 家まで起こしに 来てくれたのに……
さらに気づけば 婚活でも不利な 30代職歴ナシ女の 出来上がりで
AV撮影1日で 私のスナック バイトの給料の 一か月分か……
一本出たらもう 一生AVに出た女 という事実は 変わらなくて
君さー AV出てた でしょ?
俺 観たよ
みんなに 内緒にして ほしい?
してほし かったら 俺と……
それでもまだまだ AV女優としての 仕事はあって
もし もーし!
明日空いて る~?
女の子一人 飛んじゃって さ~

本当にこの柄でいいんですかね？
これじゃなきゃダメなんです
痛ッ
骨のとこ痛いっすよね～
最終的に著作権ネズミのタトゥーを入れることで物理的にAV出演できない体にすることに成功したのだけど
よし！
筋彫り完成！
あと念のため胸と尻と内腿にも入れて！
でもこういう形でAVに関わっていくことはできちゃうんだよね
メイク終わった？
じゃあ次はイメージシーンの撮影ね

AVにはセックスシーンの合間に
イメージシーンと言われる映像が入るのだが
チャプター1
セックス
チャプター2
イメージシーン
チャプター3
フェラぬき
チャプター4
セックス
チャプター5
イメージシーン
チャプター6
セックス
キレイ売りのレンタルメーカーでは
自然光 白ワンピ ブランコ 風船 風になびくカーテンなどがキーワードになっていて
さわやか……
こんなピュアな子のセックスが見れちゃうの〜？
という期待を盛り上げるんだ!!
エロ売りのセルメーカーでは
ブラックライト マイクロビキニ 檻 ポール オイルでテカらせた肌などがキーワードになってくるよ！
ギラ
ギラ
AV女がブランコこいでるシーンなんて誰も興味ねえよ！
とにかくエロだ！
でもオイル塗ってポールダンスしててもみんなイメージシーンなんて早送りしますよね？
これ撮る必要あります？
テカ
テカ
イメージシーンで尺埋めなかったら絡みの回数増えることになっちゃうけどいいの？
良くないです!!
そもそもAVを無料サイトで観ずにちゃんとDVDで買う客はイメージシーンも観てるんだよ!!
確かにガチ恋ファンは
なゆかちゃんが他の男優とエッチしてるとこ見ると嫉妬しちゃうんで
イメージシーンだけ繋いで編集したオリジナルDVD作りました！
なゆか
ベスト
とか言ってくるもんな……

そして人妻モノの定番イメージシーンと言えば!!
雑巾がけ!!
せっせっ
エアコンのフィルター掃除!!
ガチャ
なにをやらされてるんだ私は……?
雑巾がけによる突き出た尻!!
浮いたパン線!!
フィルター掃除を煽りで撮ってチラ見えするストッキングから透けたパンツ!!
これぞ人妻!!
私はこれまでに東京中のスタジオの雑巾がけをして
エアコンのフィルターを掃除してきたのよ……

今日の
スタジオは
住宅街の中の
二世帯住宅か
まだ築年数
浅いから同居が
嫌になった嫁が
離婚して部屋を
持て余したので
売り払った
パターンかな……？
東京には無数の
スタジオがあるが
アダルト撮影が
可能なスタジオと
なると数が
限られているよ！
やっぱソファに
変なシミついたり
臭いついたり
するじゃん？
AVでプールと言えば
「例のプール」だけど
アダルト撮影オッケーで
プールのあるスタジオが
「例のプール」しかない
からしょうがないんだよな
ちなみにアダルト
オッケースタジオは
中古のマンションや
家を安く買い取って
スタジオにする
ことが多い
AVによく出てくる
例のプールは
元石坂浩二宅だという
噂があるが実際は
市川崑の家だったらしい
元・市川崑邸ー
市川崑もまさか
自分のプール付きの
自慢のマンションが
AV撮影の名所に
なるとは思って
なかっただろうに……
アンッ♡
ホロリ…
じゃあまずは
峰さんと夫との
二人の絡み
撮りまーす！
エアコンの音
入っちゃう
から切って！
ピッ
ピーポー
ピーポー
あっ
パトカーが
来た！
パトカー
待ち
でーす！
…ブォ～～ン
待てよ⁉
次は飛行機の
音がする！
飛行機待ち
でーす‼
ｫｫｫﾝﾝﾝ
……よし！
やっと
静かに
なった！
カメラ回し
まーす！

吐息やチュパ音などの細かい音も拾えるように撮影中はなるべく静かな環境を作るのだが
ジー……
ちゅぱぁ…っ
なゆか……
あなた……
パンパンッ
アンッ!!
おちんぽ!
しゅごいいぃ!!!
ハァ
ハァ
ハッ
ピンポーン!
ピンポンピンポン
おい!
開けろ!!
ドンドンドンッ!
うるせー!!
誰!?
バタン
隣の家のおっさんだ!!
お前らまたエロビデオ撮ってんだろ!!
音がウチまで丸聞こえなんだよ!!
AD君対処して!
うちにはな!
小学生の子供がいんだよ!!
サーセン
音抑えめにしてやるんで～
抑えめじゃなくてやめろっつってんだよ!!
ガチギレ
ホロリ……
このおっさんもまさか自分が35年ローンを組んだ一戸建ての隣の家が
AVスタジオになるなんて思ってなかっただろうに……

監督くんが昨晩30分で考えたストーリー
Vol.58
放尿デビュー
若妻と毎夜メイクラブに勤しむ夫だが
なゆか！
イクぞ！
あなた……ッ♡
実は彼には妻には言えない趣味があった
シコ…シコ…
それは放尿プレイ
あっ♡
おしっこ出ちゃう♡
ふふふ……
あなたが本当に欲しいもの私知ってるのよ？
お……
お義母さん⁉
これでしょう？

ガラッ
ああっ♡
お義母さんっ♡
もっとかけてッ♡
シャ
あなた⁉
お母さん⁉
何してるの⁉
あなたが夫を満足させる妻の勤めを果たしてないから
私が代わりにやってあげてるだけよ♡
わ……
私だって……
私だっておしっこできるもん‼
カットー‼
昼休憩入りまーす！
いただきまー……
あれ？
なんでカメラ持ってるんですか？
特典映像として撮影の合間のプライベート風な風景を撮って収録するんだ
AV女優が弁当食ってるとこなんてAV女優がブランコこいでる映像より需要なくない⁉

単体女優は撮影中の休憩時間は飯を食ってるときくらいしかないよ！
シャワー
メイク直し
セックス
シャワー
メイク直し
セックス
シャワー
この繰り返しだ！
その合間の唯一の休憩時間に早送りされるだけの映像を撮るために煙草も吸えず現場の悪口も言えず
笑顔で飯を食う労働をさせるとか鬼畜すぎない!?
そうですよ
だいたい熟女さんは……
じゃあ食事シーンの代わりに絡みの回数増やすけどいい？
それもイヤ!!
メッ
も〜！
お仕事いただいてるんだから言われたことはちゃんとやらなきゃだめでしょう？
熟女さんがそう言うんなら……
じゃあカメラ回しーます！
いただきまー……

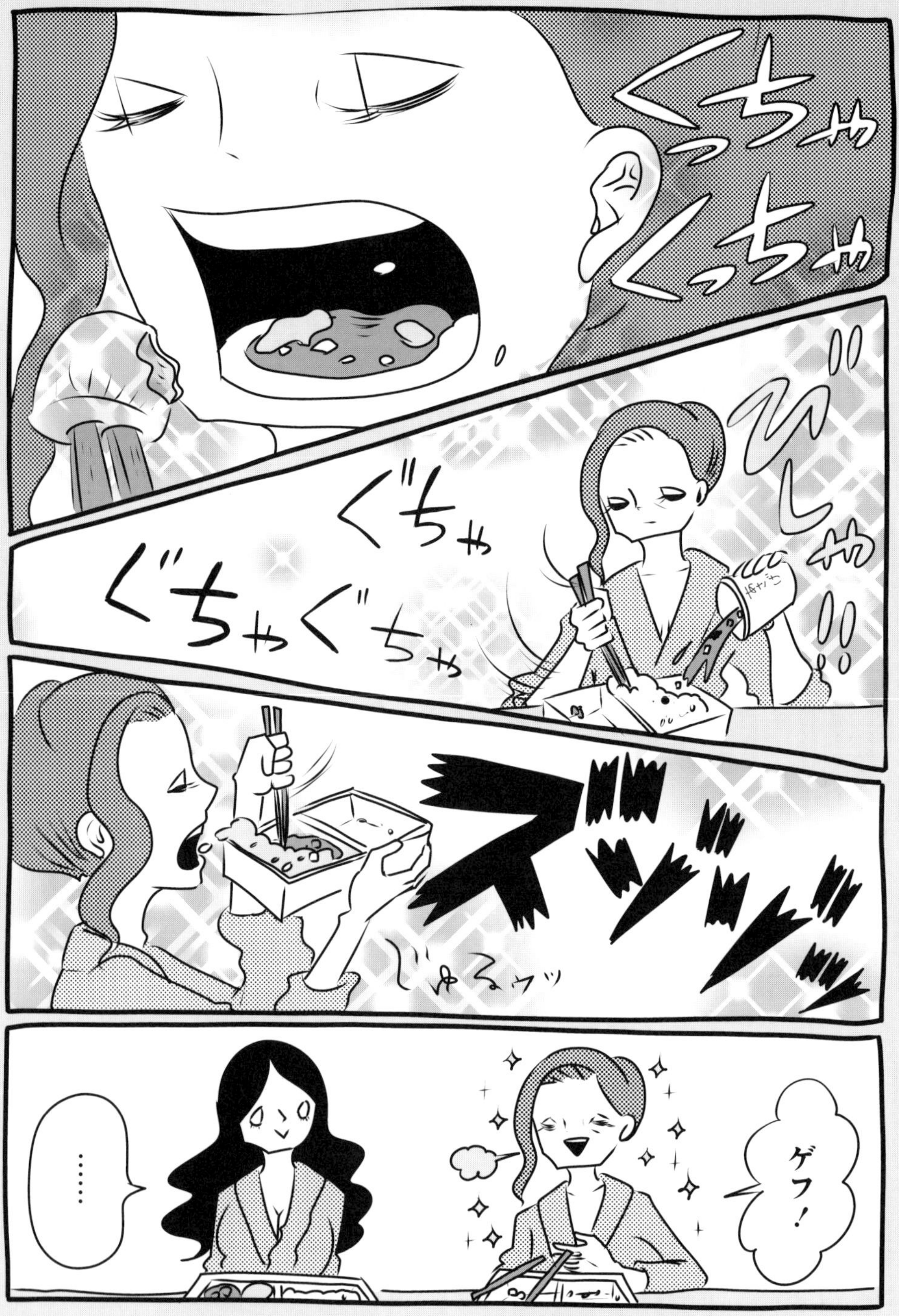
くっちゅ
くっちゅ
びしゅ!!!
ぐちゅ
ぐちゅぐちゅ
ズゾゾゾ
じゅるウッ
ゲフ!
……

ぐりぐり
歯にはさまったタケノコの繊維をとってる
じゅ……熟女さん……？
だから言ったのに……
ハァ
ヒッヒッ
ど……どうしますこの映像……？
ちょっとこれ収録するのは……
やっぱ昼休憩の収録はしないことにしたから峰さん煙草吸っていーよ！
ヤッター！
カチッ
熟女さんの食べ方が異様に汚いお蔭で私に休憩時間が与えられた！
じゃあ最後にいよいよ峰さんの放尿シーン解禁映像を撮るぞ！
まずは熟女さんが顔騎で放尿したのちに峰さんが騎乗位で放尿してフィニッシュだ！
フィニッシュ＝射精のことだよ！
峰さんチョコラBBとか飲んでないよね!?
そんなド黄色の尿見られたくないんでもちろん飲んでないです！
でもなゆかちゃん……
本当に尿出せるの？
うん！
もじもじ
さっきからトイレ行くの我慢してるくらいだから今すぐにでも出したいよ！
だからトイレじゃなくて……
カメラ回しまーす！

ああっ♡
あなたのがこんなに硬くなってるの初めて……
出すわよ!?
ああっ♡
お義母さんの尿あったかい……♡
じゃあ私も出しちゃう♡
えいっ♡
えい!
……
えい えい!!
……
あれ?
出ない……?

Vol.
59
トイレトレーニング
えっと……
多分ちんこが膣に入ってるのが放尿に集中できない原因だと思うんで
一回ちんこ抜いてもいいですか?
本当はピストンしながらの絵面が撮りたいんだけど……
じゃあ熟女さんと位置交代して峰さんも顔騎で放尿することにしよっか
よし
これなら尿も出る気が……
出ない……!!
ぬ……
すみません!!
ちょっと人の顔面の上で尿をするってのが多分精神的に無理なんで
ちょっと別の体勢になってもいいですか!?
しょうがないな〜
じゃあマッチョ男優くんが峰さんをM字開脚で持ち上げて
熟女さんにかけることにしよう!
出ない……!!
しん……
……

すみません!!
M字開脚っていうのが放尿のスタイルとして馴染みがないんでしゃがませてもらってもいいですか!?
絵面地味だけど……しょうがないか……
和式トイレスタイル
今度こそできる気がします!!
出ない……!!
プル
プル
なんでだ!?
こんなにトイレに行きたいのに!?
トイレトレーニングを受けてから18年
私の体がトイレ以外の場所で排尿することを頑なに拒否していた!!
ショoooooo
ちょっと一回休憩入れますか
峰さんもっと水分とって
あっ
じゃあその間に私トイレに……
AV女優水

いや今トイレで出しちゃダメでしょ!!
だってしっこしたいんだもん!
キッ
しっこすればいいだろ!!
だからトイレ行かないと……
だからここで出せよ!!
ここじゃ出ねえっつってんだよ!!
だから何度も確認したのに……
いきなり普通の家のリビングのフローリングの上で排尿って意外と難しいのよね
手伝ってあげるわ
チョロロロロロ……
シーッ
シーッ
おしっこがんばれ♡
おしっこがんばれ♡
成人しているというのに私はトイレトレーニングを受けている幼児のようなお世話をしてもらった!!
う……
うぐぐ……

イヤッ!!
尿道口のかなり近くまで来てる感じする!!
出ます!!
マッチョ男優くんスタンバイして!
カメラ回せ!!
チョピ…
カットー!!
ちょっと量少ないけどこれで峰さんの放尿解禁ってことで!!
おめでと〜!
じゃあ私トイレ行ってきます!!
え!?
今!?
ショロロロロロ…
ああ〜
めっちゃ出てる〜
ジョ
すげえ大量に出てる〜
これをなんでカメラの前でやってくれないんだよ!!

クランクアップでーす
お疲れ様～
寒い!!
びしょびしょ…
寒さで乳首が勃ちすぎて痛い!
お風呂にお湯貯めといたから二人でゆっくり温まってね!
ああ～!!女社長さん!
それ本気でありがたいです!
熟女さんシャワーお先に……
ドボン
……え?
尿まみれの体でかけ湯なしで浴槽に……?
なゆかちゃんはお風呂入んないの?
わ……
私はシャワーだけでいいです……
尿の臭い
ガタ
ガタ
でも熟女さん
昼休憩の撮影やめさせるためにわざとああいう食べ方してくれたり本当にありがとう!
え?
ああいう食べ方って何かしら?
?
え……?
あれわざとじゃなくてマジでいつもああいう食べ方してるの……?

陰毛に絡み付いたローションってなかなか落ちないよね～
にがり塗ると分解されてすぐ落ちるよ
ブシ
ブシ
天然にがり
ほんとだ!
なんでこんな情報知ってるの?
私撮影ない日は日雇いのバイト入れてるから
ポリアクリル酸ナトリウム（ローションの原料）が塩化マグネシウム（にがり）で分解されるのは土木作業界隈では常識よ?
土木作業のバイト……?
さーて
私服に着替えて……
え……
熟女さんの私服……
それ何?
VERYDAY HAPPY!
これね!
中野の商店街で三百円で売ってたの!
お買い得でしょ～!!
キャイ
キャイ
……その首元につけてる目玉クリップは何……?
これはすごく便利なのよ!
こうやって現場で余ったお菓子をクリップで留めて……
すみません
このお菓子と余ったお弁当持って帰ってもいいかしら?
いいよ～
キャラメルコーン
崎陽軒
崎陽軒
熟女さん……
けっこう稼いでるはずなのになぜ……?

お疲れ様でーす
女優さんにタクシー来ました～
はーい
あっ
私電車で帰るから大丈夫よ
え？
ここから駅まで徒歩20分以上あるけど……？
歩きます
峰さんはタクシーだよね
うん
じゃあね～
えっと
西新宿2丁目の……
やっぱり最寄りの駅まで行ってください！
Vol. 60
プリンカップとドンペリ

熟女さーん！
JR三鷹駅
MITAKA STATZON
あら
なゆかちゃん
一緒にご飯食べに行かない？
ガサ
このお弁当もったい無いからうちで食べるのはどうかしら
熟女さんち！
行ってみたい！
じゃあついでにエロの地獄のメンバーも呼んじゃおうかしら？
プルル……
呼ぼ呼ぼ！
ゆっくりしていって頂戴ね
四畳半…
へえ～
なんか……
ミニマリストなんだね！
カイワレも長ネギも育てて……
エコだね！

はい！チンしたわよ 麦茶飲むかしら？
熟女さんってなんか髪型変えると顔まで若く見えるね！
熟女っぽくするために私あの目の下のゴルゴ線描いてるのよ
コレ
えっ あれ描いてんの!?
私も最初は熟女売りって抵抗あったんだけど
熟女女優は一年経つたびに
また一歳分お綺麗になりましたね！
ってファンの人が言ってくれるから長く続けられてるのよね
くちゃ くちゃ
18歳実年齢でデビューしてたら8年もAV出演続けられてなかったと思うわ
でもさあ熟女さんってそんなにAV出てて何にお金使ってるの？
妹の学費が必要で……

アハハ！
私もキャバで働いてた時「親がいなくて妹の学費が……」って言ってた!!
夜職女子の金が要る建前ランキング
1位 自分か兄弟の学費のため
2位 ネイルサロンをオープンしたり
3位 捨て猫の保護活動団体を立ち上げたり
それで本当の理由は？
ヴーッ
あら
ちょっと待ってもらえるかしら？
着信中 妹ちゃん
モッシー！妹ちゃん？
相部屋の子とは仲良くしてんの？そっか～
へ～みんなでディズニーランド行くことになったんだ
うんうん！
あーしが交通費と宿泊費とお小遣いまた振り込んどくし！
あーし…？

あと修学旅行の積立金もだね
韓国行くんだっけ？
あーしが払うから任せときな
ぐちゃ
ぐちゃ
焼き
プリン
後もうすぐ妹ちゃん誕生日っしょ？
ねーちゃんが欲しいもんなんでも買ったっから
ごく
ごく
あっ
あーし今ツレいっからまた後で電話すんね～
ぺろり
え……
妹の学費稼いでるって……
マジなの？
マジよ
妹ちゃんは中高一貫女子校の寮入れてるからお金かかるのよ
妹ちゃんとは年が離れてるから私が育てたようなものなのよねえ
トイレトレーニングも私がしてあげたのよ
おしっこがんばれ♡
って
だから手慣れてたのか……
ピンポーン

ガチャ
お邪魔しまーす
なんやけったいなとこ住んどんなあ
ドンペリ買ってきたよお☆
ドンキホーテ
ONE BOAT
乾杯しよ！
待って
うちコップ5つもないのよね
ワイ
ワイ
このプリンのカップ洗って使えばええんとちゃう？
かんぱーい!!
カチッ
POTATO STYLE
焼きプリン
ONE
何に乾杯してるのかはよく知らんが
プリンの空き容器で飲むドンペリは美味しかった

みんなでエロの地獄でも観ましょう
アハハ！
なゆゆがやることなくて突っ立ってるの見切れてる!!
ハズいな〜
お酒追加買ってきたよ〜
Vol. 61
学生としての本分
ぐぅ……
もしもし〜
黒ギャルちゃん!? 今どこにいんの!? もうみんなスバルビル前で待ってんだけど!?
あ〜友達んち〜
今から行く〜

ほなウチ現場行ってくる！
行ってらっしゃーい
あれ？
なんで新人くんがいるの？
みんなが雑魚寝してる中でセックスするために呼んだ
みんなが起きないかドキドキしたッス！
いつの間にそんなAVみたいなことを!?
なゆゆいびきかいて寝てたよ
ッス！
クス
クス!!
人が寝てる横でセックスする人間にいびきごときで笑われたくないんですけど!?
私今日オフだし二度寝してもいい？
私は昼から試食販売のバイトだからそれまでならいいわよ
私も学校行かなきゃな～
私も今日の一限は行っとかないと単位ヤバいからな～
白ギャルちゃんってK大行ってるんでしょ？
すごいね！
まあ滑り止めだったんだけどね～
えー！
余計にすごいよ～!!
エヘ

まあK大っつっても
慶応じゃなくて
関東国際文化大学
コミュニティ福祉学部の
ことなんだけどね！
偏差値
37.2〜〜
おはよ〜☆
あ……
うん……
おはよ……
もしかして先週
テニサー君に
告られたことが
もう広まってて
テニサー君を
好きな女とその
取り巻きの女が
「ひどーい！」とか
ってなってんのかな
本当に
女同士の嫉妬
ってうざいよね〜
……
なんだこの
リアクション
……？
まあ私
モテちゃうから
仕方ないんだ
けどね☆
パロピー☆
ん？

なんで私のAVのパッケージと本名がが!?
休講のお
現役K大生が
中卒オッサンの
精子ガブ飲み
中出しファック
永田真由美
誰がこんなこと!?
ひえええええ!!
永田真由美
←テニサー君
AV女優が最も恐れるのは身バレである

スカウトMさんの証言
大丈夫
大丈夫
バレないって！
デビュー前に
ちょちょっと整形
しちゃってプロの
メイクさんに
メイクしてもらったら
雰囲気変わるし
それでも心配
だったら
パブNGに
できるから！
パブNG表
地上波テレビ ×
地上波じゃないテレビ ×
スポーツ新聞 ×
一般誌 ×
コンビニエロ本 ○
エロ本屋のエロ本 ○
説明しよう！
パブとは
パブリシ
ティの略！
AV女優がAV以外の
場所でどこまで
顔出しOKか自分で
決めることが
できるシステムの
ことだよ！
東スポ
今月のおすすめ
エロの地獄
パブ全開の人
パブNGの人
なんで……
パブ全NGに
してたのに……
いくらパブをNGに
したところで
レンタルビデオ屋や
ネットでは顔出し
パッケージが
並んでいるので
パブNGはただの
方便であんま
意味ない！
バレるのは
時間の
問題だよ！

そして一人にバレたらすぐさま百人にバレる!!
真由美がAV出てるって聞いた!?
俺もう昨日借りて観たわ
ゴキブリ方式
To:ペーやん
同中の永田真由美がAV女優になったんだって!!
永田さんってAV出てるらしいよ!!
えー!マジ!?
永田てAV出てるらしいぞ!
えー!マジ!?
ヒソ
ヒソ
ヒソ
学部事務所の白岩と申しますが永田さんでおまちがいないですか?
本日中に事務所までお越し下さい
……
あなたが男の人が観るようなビデオに出演しているというのは本当ですか?
学則第79条「本学の秩序を乱しその他学生としての本分に反した学生に対し必要があると認めたときは
懲戒による退学処分に付する。」とありますが

Vol. 62
女って汚い
私には兄だか弟だかがいたらしい
結婚3周年の記念日に母親はがんばってローストビーフを作り父親はケーキを買って帰ってきて姑は母親に
石女《うまずめ》
と言ったらしい
それから2年経って双子を妊娠したことがわかった時は
獣腹
と言ったらしい
性別がわかるまでは
女腹じゃ困りますからね
と言われ続けたらしい

片方が男の子で
あることがわかり
腹の中で私だけ
大きくなり兄だか
弟だかは小さいままで
結局私は何の
問題もなく
元気に生まれて
兄だか弟だかは
死んでいて
オギャ
その後は出血が
止まらず結局
子宮全摘になった
母親に祖母は
かたわ
と言ったらしい
夕飯まだなの⁉
あと
おそうめん
茹でるだけ
ですんで
また
そうめん
かい
芸がない
ねえ
お義母
さーん
夕ごはん
できまし
たよー
お義母
さん？
祖母はそうめんを
茹でている間に死んだ

祖母が死んだ後祖母の部屋で見つけた日記を読んだ母は
祖母が祖父と結婚してから2年子供ができず
あと1年経ってもできなかったら離婚してもらうと言われていたこと
祖母の母親は小金持ちのおっさんのお妾さんをしていたものの
妊娠して祖母が生まれた頃から別のもっと若い妾に入れ込むようになりお手当をだいぶ減額されたこと
そのおっさんがある日脳卒中でぽっくり死んだ後は
おっさん名義で住んでいた家もおっさんの本妻に追い出されて母娘二人で大変に苦労したこと
なのでなんとしてでも離婚を回避せねばならなかったこと
その頃から「お務め」という名目で軽い知的障害のある祖父の兄の部屋に行かされるようになったこと
ニコ
ニコ
シコ
シコ
ひ……!!

そのあとすぐに妊娠してね
それがアンタの父親なんだって！
と それはもうこれまで見たことのない笑顔で話してきて私は思った
女って汚い
それとは全然関係ないのだけど私は小学生の頃から男の子とばかり遊んでいた
だってリカちゃんよりミニ四駆の方が好きだし
『りぼん』よりも『ジャンプ』の方がおもしろいし
ぴらっ
くまさんパーンツ!!
KUMA

ちょっと男子ぃー!!
やめてよ〜!
も〜!
パン!
ツー!
まる!
見え!!
本当は喜んでるくせにやっぱ女って汚い
ズル
マジレンジャー
アハハ!!
マジレンジャーブリーフ!!
……お前何してんの?
そういうのやめろよ
ヨッシーが可哀想だろ
……
たまに違和感はあった

何してんのー？
クラスの女子ランク分けしてる!!
やっぱ猪瀬はAじゃね!?
斎藤は？
ん〜ギリでB
茂木は絶対Cっしょ！
ギャハ！
だよな〜！
ちょっと男子ぃー!!
そういうのやめてよも〜!!
猪瀬
ハイハイ本当は喜んでるくせに女って汚い
んでお前もCね
サラッ
あれっ私ランク付けられちゃうんだ？
違和感はちょくちょく増えた

小学生の時は
早々にチン毛
生えてきた男子が
いじられてたのに対して
うわっ
お前チン毛
ボーボー
じゃん!!
中学生でズル剝けの
男子がいじられて
たのに対して
ズル剝け
ちんこ
見せろよ～
や……っ
やめろ
よ～!
女子って
うぜぇよな～
すぐ「先生ぇ～～!!」
とかって
言いつけるし
とかっつってた
男子たちが
ある日突然
中学生になると
チン毛生えてない
やつがいじられる
ようになるように
お前まだ
生えて
ねーの?
……
高校生になると
ズル剝けが賞賛の
的になったり
するように
お前ズル向け
じゃん!
スゲー!!
彼女
欲し～!!
モテてぇ～!
とか言い
始めるように
Vol.
63
あなたを
選んでくれるもの

隣のクラスの女子グループにとしまえん誘われたんだけどさー
向こう4人で来るからこっちも4人で来てって
じゃあ丁度いい……
一人足りねーから本田でも呼ぶ？
花火大会今年もみんなで行こ〜！
あー……
俺女子に誘われてんだわ
俺も
みんなでヨッシーの兄ちゃんの裏ビデオ鑑賞会しようぜ！
私も!!
イヤ……
お前女じゃん……
元々女子からハブられてた私だったが
男子グループの間でも居場所がなくなっていった
あのさー
今日俺んち来ねえ？
行く〜！
久しぶりにみんなでマリカーでもやる？
今日はみんなでじゃなくて二人でがいいんだけど……
？
別にいいけど
じゃあスト2にする？

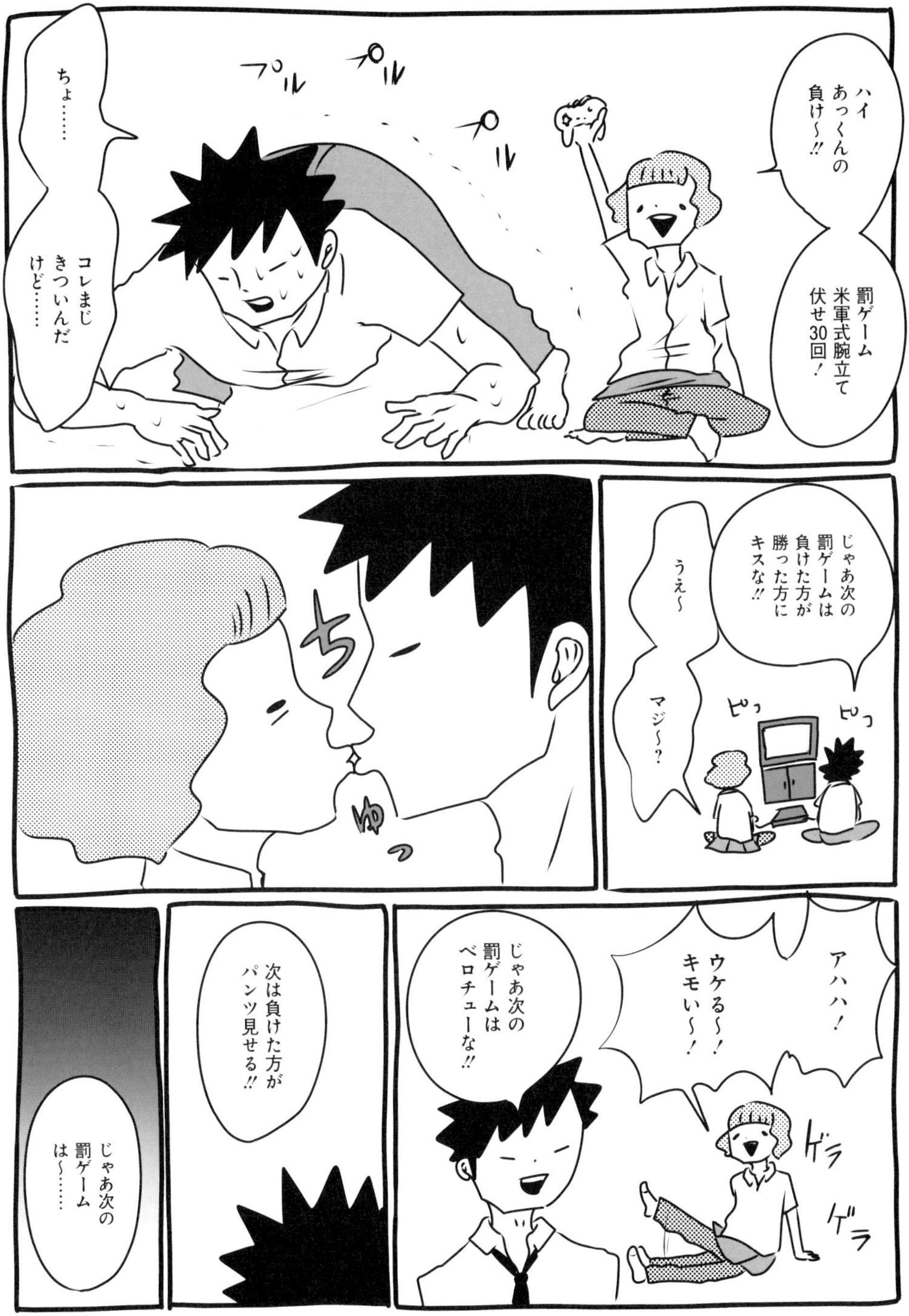
ハイ あっくんの 負け〜!!
罰ゲーム 米軍式腕立て 伏せ30回!
プルプルプル
ちょ……
コレまじ きついんだ けど……
じゃあ次の 罰ゲームは 負けた方が 勝った方に キスな!!
うえ〜
マジ〜?
ピコピコ
ちゅっ
アハハ! ウケる〜! キモい〜!
ゲラゲラ
じゃあ次の 罰ゲームは ベロチューな!!
次は負けた方が パンツ見せる!!
じゃあ次の 罰ゲーム は〜……

30分後
お前さあ初めてだった?
うん
俺も!!
本当にお前がいてくれてよかったよ!!
こんなこと他のヤツに頼めねーしさ!!
あっくんとは小学生の時から仲良いけどこんなに感謝されたのは初めてのことだった
いやー実はこの間から猪瀬と付き合ってんだけど今度猪瀬んち親いないからって誘われててさー
でも猪瀬にかっこ悪いとこ見せられないじゃん?
お前で練習できてよかったよ!
ほんとありがとな!!
も……

も〜!
彼女できたんなら言いなよ〜!
水臭いな〜!
先週告られたばっかだからさー
猪瀬んち行くのいつなの?
次の土曜
じゃあ本番がんばってきなよ!
あっくんとヤッたって本当!?
俺さー みんなにはハズいから内緒にしてたんだけど中学の時から付き合ってる子いて
でも「怖い」っつってキスまでしかさせてくれないんだよ〜
だからお願い!!
俺にもヤラせて!
プライドの高いミッチーにここまで頼み込まれるのは初めてのことだった

あっくんとミッチーとヤッたって本当!?
あっくんもミッチーもかっこいいもんな!
サッカー部だし!
あの……
俺……
俺もなんてダメだよね?
ヨッシーがこんなにいじらしい姿を見せてくるのは初めてのことだった
カブトムシが集まる場所を知ってることよりレアポケモンを持ってることより
膣を数十分貸し出すだけで違和感は無くなった

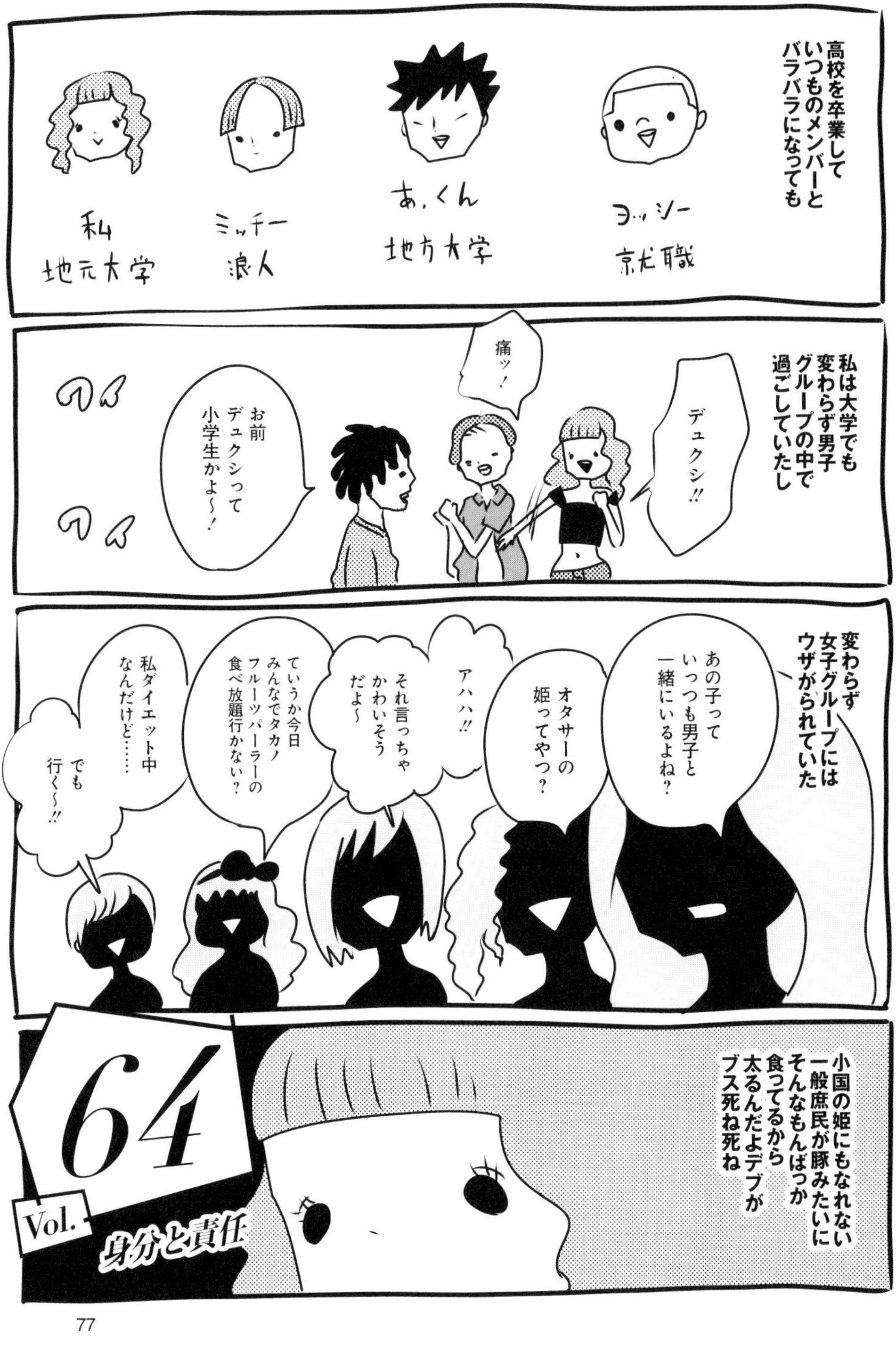
高校を卒業して
いつものメンバーと
バラバラになっても
ヨッシー
就職
あっくん
地方大学
ミッチー
浪人
私
地元大学
私は大学でも
変わらず男子
グループの中で
過ごしていたし
デュクシ!!
痛ッ!
お前
デュクシって
小学生かよ〜!
アハ
アハ
変わらず
女子グループには
ウザがられていた
あの子って
いっつも男子と
一緒にいるよね?
オタサーの
姫ってやつ?
アハハ!!
それ言っちゃ
かわいそう
だよ〜
ていうか今日
みんなでタカノ
フルーツパーラーの
食べ放題行かない?
私ダイエット中
なんだけど……
でも
行く〜!!
小国の姫にもなれない
一般庶民が豚みたいに
そんなもんばっか
食ってるから
太るんだよデブが
ブス死ね死ね
Vol. 64
身分と責任

帰りラーメン食いに行く人〜？
はーい！
俺はラーメン中！
俺ラーメン小で……
ラーメン大！
え!?
ここの大ってめっちゃ量多いよ!?
女が食べれる量じゃないって!!
ラーメン大！
完食
スゲー!!
やっぱお前他の女と違っていいよなあ
な！
あっ私ちょっとトイレ

うえっ
ゲホゲホ！
早く……
早く戻らなきゃ……
女はトイレ長いとか思われちゃう……
身分には責任が伴う
それじゃあな!!
今ひまー？
ナンパですかー？
スカウトですかー？
ホストでーす！
あれっ!?
あっくん!?
うお〜！めっちゃ久しぶりじゃん！

え!?
あっくんって今ホストやってんの？
Koma Stadu
大学辞めちゃって行くとこ無くなって先輩に誘われてさー
ホストってことはタワマン住んで外車乗り回してるってこと!?
イヤ俺全然売れてなくてホスト仲間とタコ部屋住んでチャリ通勤してるよ……
今日客呼べなかったらクビになるかもしんないんだよ〜!
でもホストってお高いんでしょう？
イヤ初回は飲み放題3千円だから
安ッ!!
じゃあ行ってみる!
でもさー
あっくんって中高のときめっちゃモテてたじゃん？
まあ俺コミュ力高いし顔も雰囲気イケメンだしさー
じゃあなんで売れてないの？

ホストクラブはコミュ力高くて雰囲気じゃないイケメンがゴロゴロいるんだよ!!
お邪魔しまーす！
当店ナンバーツーのレイでーす！
光
-REI-
まゆみちゃんっていうんだ〜！
かわいい名前だね！
ニギ……
じゃあまあちゃんって呼ぶね！
俺のことはレイたんって呼んで♡
う……
うん……
……俺と二人だけの秘密のあだ名だから他の男に呼ばせちゃダメだからね？
ドッキィィ
最後に送り指名っていうのがあって好きなホスト選べるんだけど……
光
レイさんにする……
よね……？

あっくんは
小学生の時から
ずっと足が早くて
ドッジボールも
上手くて応援
団長とかやってて
男子からも人気
あって女子からは
「エロい」とか
「うるさい」とか
言われてたけど結局
一番モテてて
ずっとずっと
私の憧れで
あっくんで!!
次の日
ご指名
ございますか?
あっくんで!
え!?
マジ!?
俺送り指名
初めて
もらったん
だけど!!
あっくんの
初めての
セックスも
私だったしね
そういえば
そうだったな!
あっくんの
初めての
本指名も
私がして
あげる!!

初めての
本指名……
ヤッター‼
Vol.
65
こんな感じで
いいナリか？
今日はほんと
ありがとな！
も～
喜びすぎ
でしょ
じゃあ私明日
学校あるし
そろそろ
行こうかな
本日の
お会計
こちらに
なります
¥21,000－
え……
初回は
3千円
だったのに？
お金足りる
かな……
えっと
カードって
使えますか？
ピンドン
いただき
ましたーッ‼
あっ
ちょっと
ごめんね
タタッ

姫と王子のッ!! 永遠の愛を誓ってッ!!
ハイ!!
グイグイヨサコイ!!
グイグイヨサコイ!!
うぇ〜い!!
……
……
お待たせ〜
シャンパン入ると全員でコールしにいかなきゃダメなんだよ
寂しかった? ごめんな
あの……シャンパン入れてる子たちはお金どうしてるの?
大体風俗だよね〜
そっか……私もそういうとこで働いたほうがあっくんの力になれるのかな?
お前にそんなことさせられないよ!!

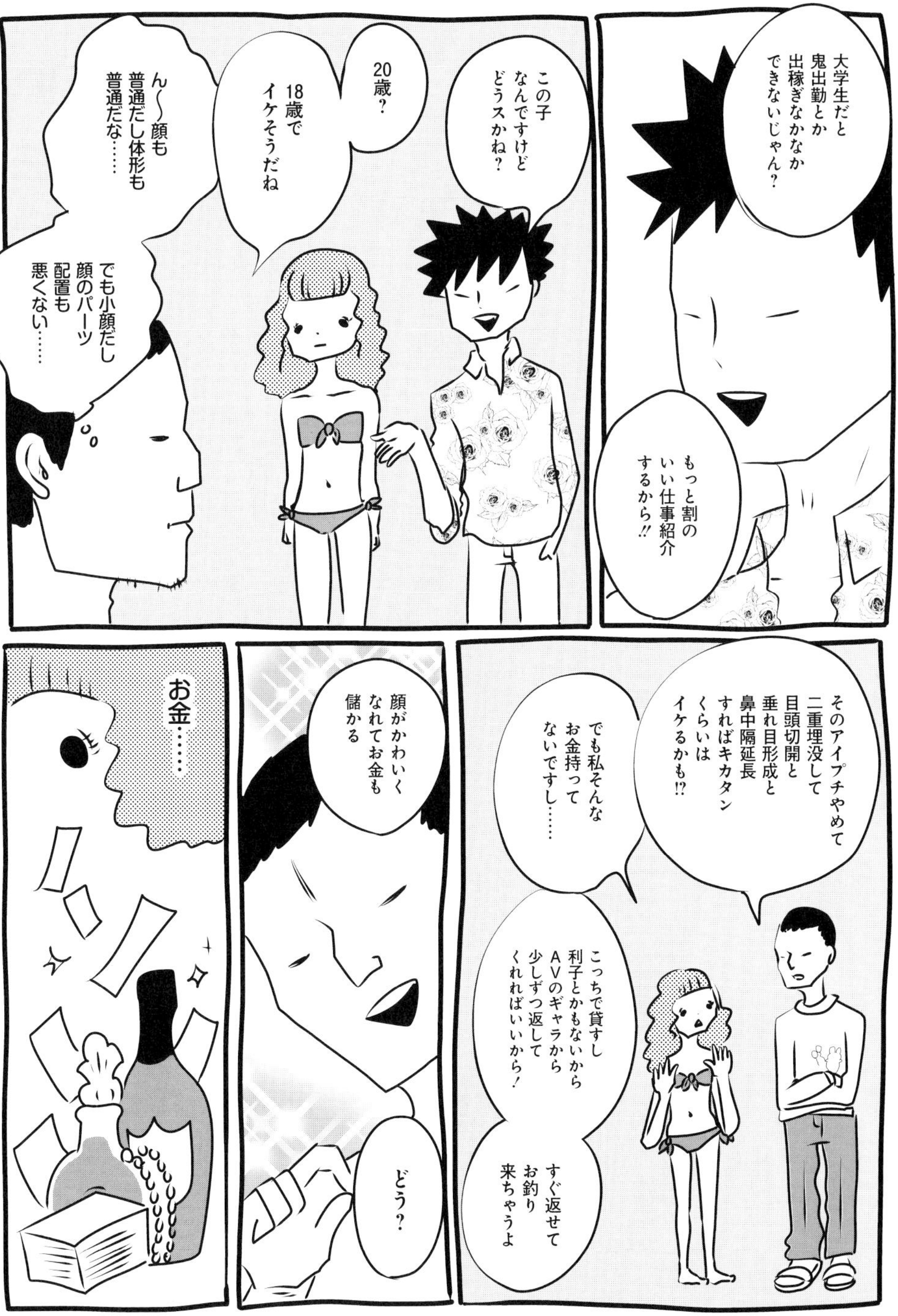
大学生だと鬼出勤とか出稼ぎなかなかできないじゃん？
もっと割のいい仕事紹介するから!!
この子なんですけどどうスかね？
20歳？
18歳でイケそうだね
ん〜顔も普通だし体形も普通だな……
でも小顔だし顔のパーツ配置も悪くない……
そのアイプチやめて二重埋没して目頭切開と垂れ目形成と鼻中隔延長すればキカタンくらいはイケるかも!?
でも私そんなお金持ってないですし……
こっちで貸すし利子とかもないからAVのギャラから少しずつ返してくれればいいから！
すぐ返せてお釣り来ちゃうよ
顔がかわいくなれてお金も儲かる
どう？
お金……

事務所の方針や社長の趣味で整形の方向性が変わるので
同じ事務所のAV女優は似たような顔をしている傾向があるよ！
A事務所
タレ目タヌキ顔
B事務所
童顔ハーフ顔
C事務所
歌舞伎町キャバ顔
でも周りの人にバレたら……
大丈夫！こんだけ整形すれば地元の人たちにはまず気づかれないじゃん？
大学も女子のほうが多いんだよね？
女の子がAVなんて見ないじゃん？
ハァ
でもちょっとは男子もいるし……
あのねえ
毎年2千人の子がAVデビューしてるって言われてるんだよ？
他の子はねえ売れるために一人でも多くの人に名前覚えてもらおうとして頑張ってるんだよ
A事務所の他の子たち
それで何で自分だけすぐ有名になって身バレしちゃうとか心配してんの？
自意識過剰なんじゃない？
う……

それじゃあ
10数えて
くださいねー
スゥッ
三日後
一か月後
よし！
整形かなり
成功したな！
ギャル売りで
行くぞ！
もっと喋り方
バカっぽくして
バカっぽくって
こんな感じで
いいナリか？
いいね！
実際に1本出演
しただけでは
誰にもバレなかった
現役K大生!!超美少女
白ギャルちゃん
AV
DEBUT

5本撮ってもバレなかった
エロの地獄
バコバス ツアー
現役K大生
お体置き精飲
生意気ギャルに
現役K大生塾講師に誘惑された僕……
ウチらのま○こ 童貞なんて捨てちゃなよマイロシャル
2本目もバレなかった
白ギャルちゃんVS黒ギャルちゃん
激イカセ3P!
そして10本目
現役K大生が中卒オッサンの精子ガブ飲み中出しファック
ヤリマンです
コミュ福祉学部2年
永田真由美
080-xxxx-xxxx

Vol. 66
純生白ギャルちゃん
着信履歴
非通知設定 06:38
山本健吾 06:40
渡辺拓実 06:41
お母さん 06:45
お母さん 06:45
非通知設定 06:48
お母さん
もう親バレまでしてるのかよ……
ハア……
……
ピンポーン

ガチャ
白ギャルちゃん大丈夫？
大丈夫じゃない……
お腹減ってない？
減った……
焼肉でも食べ行かない？
行く……
ダンッ
マジムカつくわ大学のやつら!!
何が関東国際文化大学の恥だよ!!
あんなFラン大学に恥もクソもないだろ!!
もう大学辞めちゃえば？
辞める!!
こっちから辞めてやる!!
あとネギタンと生ひとつ!!

もう親バレしてるならパブも全開にしちゃえば？
パブ全開にします!!
も〜
白ギャルちゃんなんだからもっとバカっぽい喋り方しなきゃダメじゃん
そうだったっぴ！
パブ全開にして稼ぎまくって私を見下したヤツらを見返してやるナリ!!
その意気だよ！
身バレした時に唯一
優しくしてくれるのは
事務所の人だけで

女優と事務所間の結束は周囲に反して強くなる

新生白ギャルちゃん誕生のお祝いナリ～!!
ドンペリいただきました～!!
よくわかんないけど……
グイグイヨサコイ!!
グイグイ!!
姫から一言!
身バレさせたヤツ死ね!!
初めてのラスソンだよ～!
ゆっ
ラスソンとは!
ラストソングの略でその日に一番売り上げが高かったホストが歌えるよ!
ほんとありがとな!
えへ♡

【Fラン】関東国際大学【バカ
461：名無し
AV女優の白ギャルちゃんこ
コミュニティ学部2年 永田真由美
白ギャルちゃん
生ザーメン
全ごっくん
永田真由美
462：名無し
マジ？
463：名無し
ソースキボンヌ
464：名無し
首元の2つ並んだホクロ
465：名無し
키ター━━━(ﾟ∀ﾟ)━━━!!!!!
466：名無し
俺ゼミいっしょなんだけどwwwww
467：名無し
現役K大て(笑)
468：名
クソフロタ
469：名無し
いやー
いいサイト教えてくれてありがとな！
これ書き込んだ次の日にはもう大学中で噂になってたみたいだし
いやいやお互い様っすよ
大学も辞めて現場増やしてくれたら店でももっと金使ってくれるだろうし
白ギャルちゃんのパブ全NGウザかったからな～
これで週刊誌とかにも顔出しできるし
男の友情
ガッ

Vol.67
無敵シスターズ
白ギャルちゃん親バレおめでと〜!!
これで怖いものなしね!
堂々と顔出しできるやん!
AV女優として一人前だよ!
LOVE BOAT
お母さんからの鬼電出てAV出てるってこと認めたらさ!!
あんた変なビデオ出てるって本当!?
……ほんとだよ
第一声がなんだったと思う!?
ぐいっ

お父さんには絶対内緒だからね！
だったんだよ!!
娘がAV出てる心配よりも父親と揉める心配が先なのかよ!!
あるある～
私もそれ母親に全く同じこと言われたわ～
定番だよね～
LOVE BOAT
その後AV辞めろ辞めろ言われたけど着拒してやったもんね！
これだから女は嫌いなんだよ!!
解説しよう！
まずは知り合いに身バレするとすぐに地元の同級生に噂が回り
同級生の子がAV出てるらしくてさー
え!? 誰さんとこの子!?
その中の女子が母親に話して地元母親コミュニティ内でも噂が回って
ヒソヒソ……
アラッ 何の話？
AV女優本人の母親も知ることになるので親バレは基本母親からするよ！

たまに父親が自分で娘のAVを発見することもあるが
自分の妻にも子供にもいい歳こいてAVを観ていたら娘のAVを見つけたなどと言える父親はあまりいないので
他人の空似だと思い込むようがんばられるのが定番だよ！
似てるけど… たぶん違うッ!!
ウチはAV出る前から親とは縁切っとんでなんも問題あらへんかったで
なゆゆのとこはー？
LOVE BOAT
私はAV発売前にフライデーにヘアヌードグラビアと一緒に
AVデビューの告知がバーンと載ることになったからさー
先がけヘアヌードグラビア掲載!!
あのから〇ぎ巨乳が
AV
デビュー!!!
FRIDAY
発売日にマネ君がわざわざ岐阜まで行って
証拠写真としてマネ君から送られてきた
↓
JR 岐阜駅
村中の本屋とコンビニ回って
フライデー買い占めたらしいんだけど
定期購読してる人もいるしまあ即日村中の噂になって

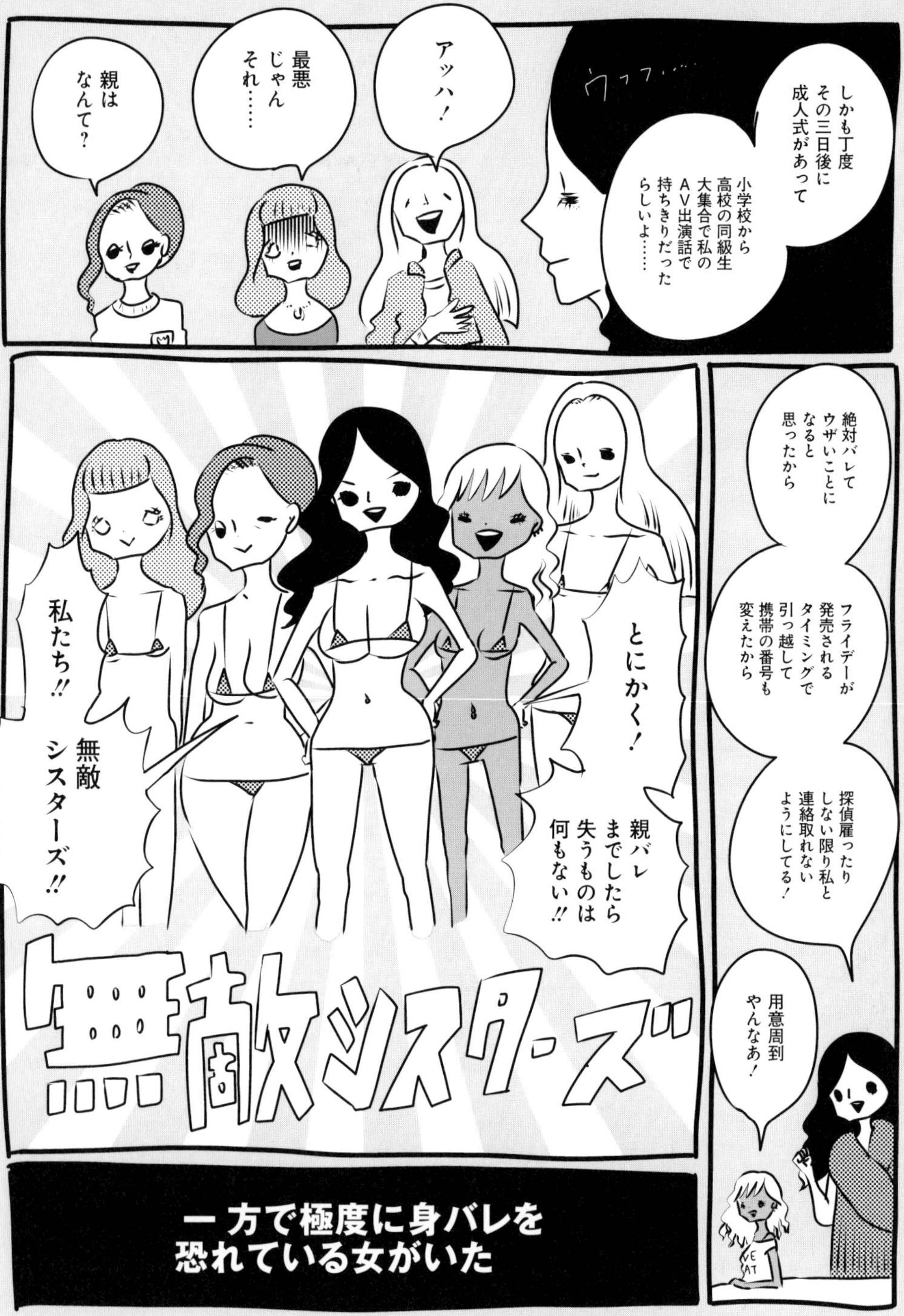
しかも丁度その三日後に成人式があって
小学校から高校の同級生大集合でAV出演話で持ちきりだったらしいよ……
ウフフ…
アッハ！
最悪じゃんそれ……
親はなんて？
絶対バレてウザいことになると思ったから
フライデーが発売されるタイミングで引っ越して携帯の番号も変えたから
探偵雇ったりしない限り私と連絡取れないようにしてる！
用意周到やんなあ！
とにかく！
親バレまでしたら失うものは何もない!!
私たち!!
無敵シスターズ!!
無敵シスターズ
一方で極度に身バレを恐れている女がいた

爆乳ちゃんこと三田信子は
すでに同級生バレも済ませ
俺にもヤラせてよ
ギャハハハハハハ!!
俺にも代われって！
ハイハイ
特徴的な体型と単体女優であること何作も出ているの三本柱で
親バレも済ませていたが
坂田さん（内縁の夫）には絶対内緒だからね！
ハイハイ
どこにも繋がりのない彼氏にはいまだにバレていなかった

ほんわか…
ヤングマガジン
ノブちゃんかわいいしこういうグラビアとか出られるんじゃない？
そ……そんなの無理だよ～！
だよね
ノブちゃん恥ずかしがり屋だから人前で水着の写真撮られるとか無理だろうし
何よりノブちゃんの体を他の男に見られるだなんて俺が嫉妬しちゃうからね
テレ
水着の写真も何もセックスしてる映像を撮ってるだなんて言えない……

Vol. 68
純情日記
¥580 ¥680 ¥580 ¥380 ¥580 ¥1200 ¥380 ¥580
それより なゆゆは 彼氏とどう なってんの？
あ 聞きたーい
それがこの間 初めて 毛モジャに イカされちゃってさー
毛モジャ やるやん
どんなプレイ だったの かしら？
学校でね
学校で!?
授業中にね
授業中に!?

こっくり
こっくり
珍しく毛モジャが居眠りをしてる……
コテン!
ひえっ
これが毛モジャの体温!!
毛モジャの重み!!
髪の感触!!
なんかいい匂いするッ!!
スー
ああッ♡
もうダメッ♡

イクーーーッ!!
ビクンッビクッ
ぐー
ってなって
イッた
セックス
しとらん
のかい!!
逆に
すげえな
それ
LOVE BOAT
待って!?
でもキス
まではした
んだよ!?
えっ♡
どんな
シチュエー
ション!?
この針
糸が通り
にくいな〜
僕得意
ですよ
やりま
しょうか?
イラ
イラ

パク
スッ
パチン
はい　どうぞ
唾液のついた部分の糸をきちんと切って渡してくるジェントルな毛モジャ……
そしてこれが毛モジャの唾液のついた糸……
ジ……
パク
ヒョイ
こうして記念すべき初めての間接キッスを――……
キモい!!
おぞっ
ストーカーやん!!
LOVE

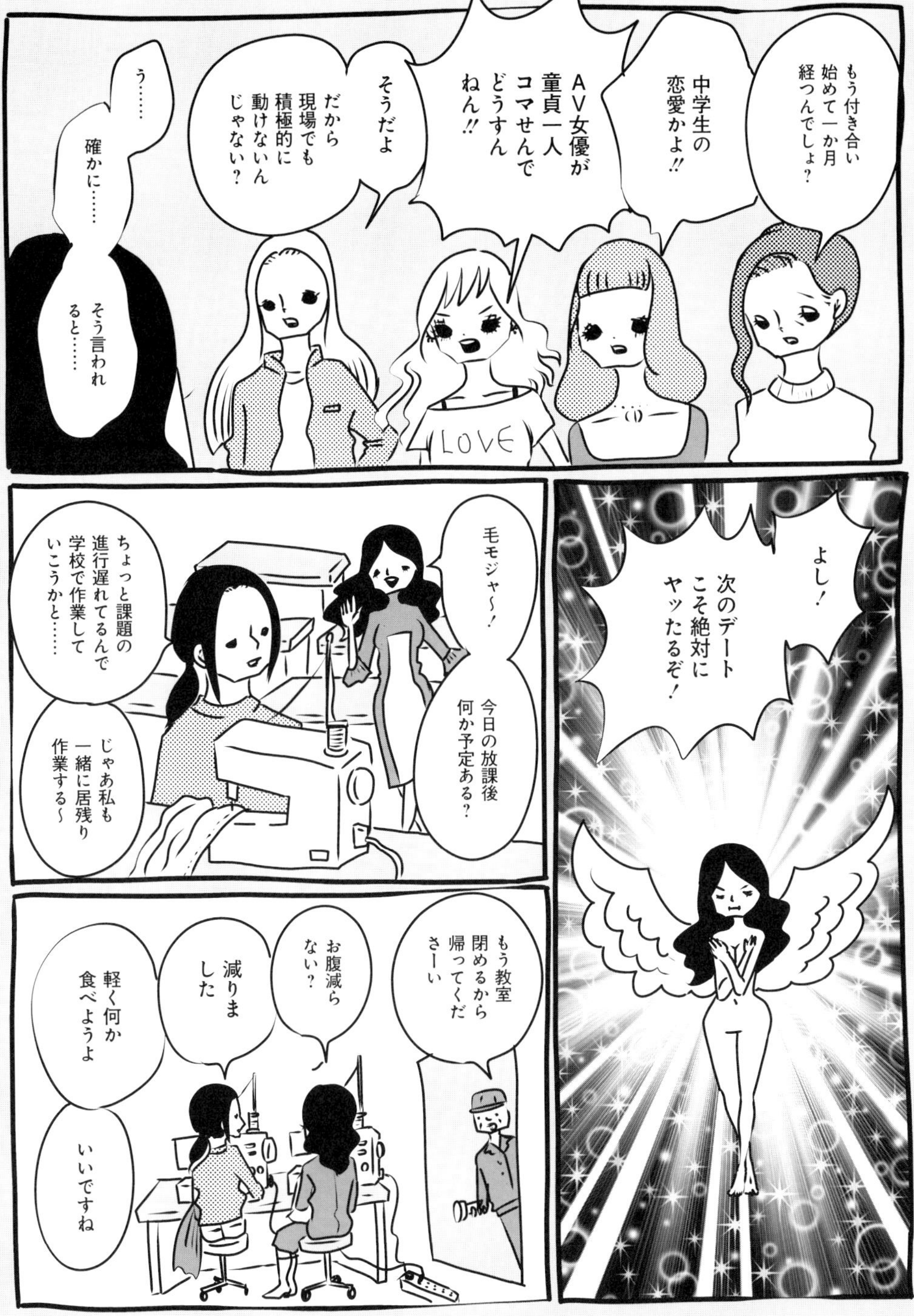
もう付き合い始めて一か月経つんでしょ？
中学生の恋愛かよ!!
AV女優が童貞一人コマせんでどうすんねん!!
そうだよ
だから現場でも積極的に動けないいんじゃない？
う……
確かに……
そう言われると……
よし！
次のデートこそ絶対にヤッたるぞ！
毛モジャ〜！
今日の放課後何か予定ある？
ちょっと課題の進行遅れてるんで学校で作業していこうかと……
じゃあ私も一緒に居残り作業する〜
もう教室閉めるから帰ってくださーい
お腹減らない？
減りました
軽く何か食べようよ
いいですね

軽う〜〜く
フルコース
僕千葉の実家に住んでるんで終電が早いんですが……
もた もた
私食べるの遅いんだ〜
ごめんね〜
駅まで走ればギリギリ間に合います！
ダッ
私も今日は電車で帰るから一緒にいこ〜
もた もたぁ
あっ
靴紐解けちゃったからちょっと待って
もたぁ もたぁ
あの……
もう少し早く……
……
ゴー
ああ〜
終電が行ってしまったねー
これはどこかに泊まらないといけないね！
おや！
こんなところに宿泊施設が！
ホテルラブプレイヤー
空室
満室
ご休憩
¥48.00〜
ご宿泊
¥8,400〜

じゃあ僕シャワーお先に失礼してもいいですか？
うん！
ヨッシャ！
ああなんてエロいんだ……
バスローブから覗く胸もと……
筋張った脚……
濡れた髪……
Vol.69
セックスの前にすること
キューン

ん？
濡れた髪？
なんで頭まで洗ってるんだ？
じゃあ僕いつも寝るの早いんでお先に寝かせてもらいますね
ス
セックス前のシャワー♡じゃなくて就寝前の本気の入浴だったのかよ!!
AV女優が童貞一人コマせんでどうすんねん!!
・・・
そうだ！
私は腐ってもAV女優!!
AV女優
AV出演経験で培ったテクでセックスに誘うぞ！
えーと
セックス前にすることと言えば……

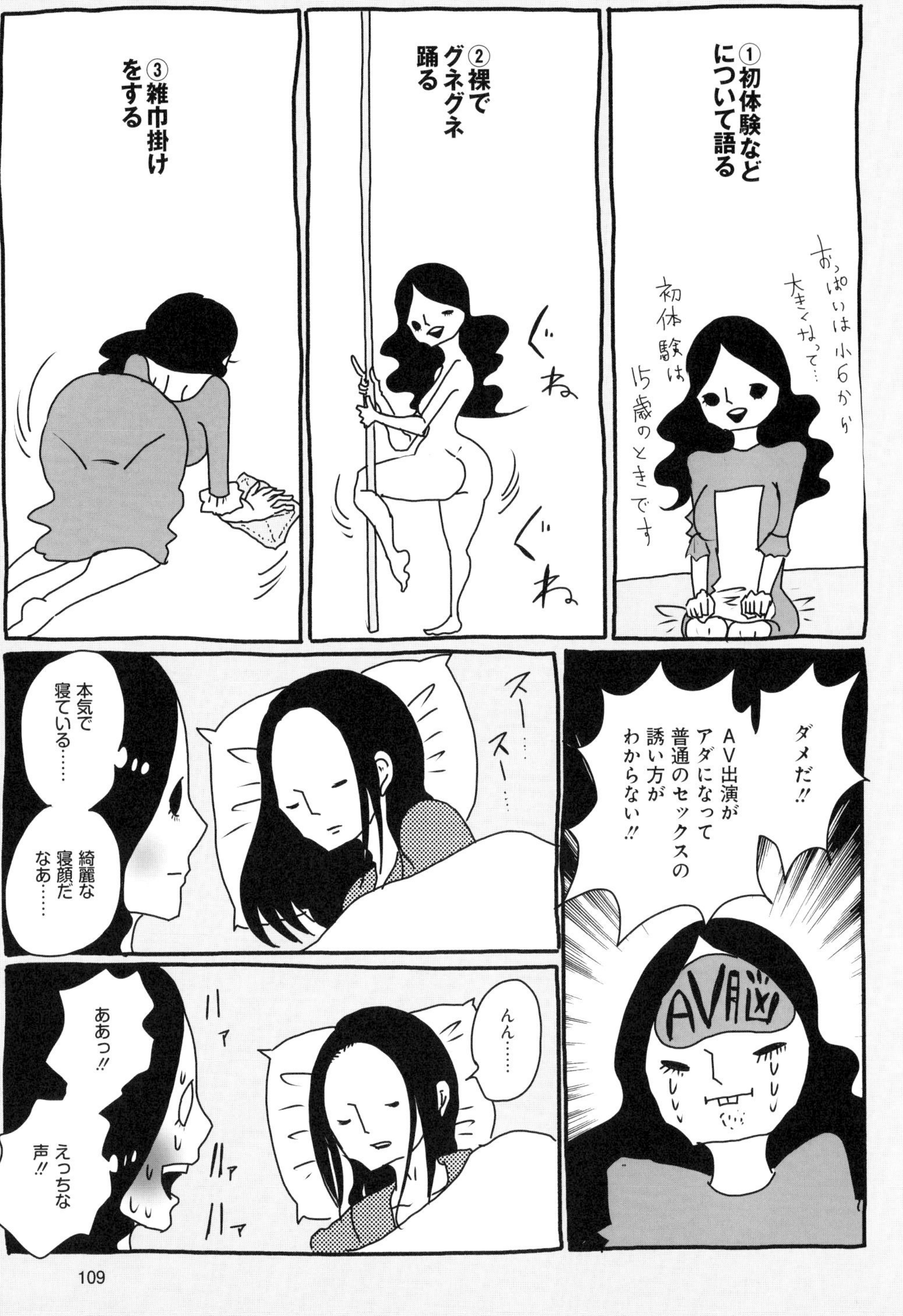

①初体験などについて語る
おっぱいは小6から大きくなって…
初体験は15歳のときです
②裸でグネグネ踊る
ぐね
ぐね
③雑巾掛けをする
ダメだ!!
AV出演がアダになって普通のセックスの誘い方がわからない!!
AV脳
スー…
スー…
本気で寝ている……
綺麗な寝顔だなあ……
んん……
ハァ
ハァ
ハァ
ああっ!!
えっちな声!!

ピピピピピピ
なゆかさん
おはよう
ございます
早起き
ですね
ムク
ピッピ
寝てない
←
……
あっ
コーヒーと
緑茶があ
りますね
どっちが
いいですか？
……
コーヒー
テキパキ
この小さい
箱はなん
だろう？
パカ
これ
は……？
コンドーム
だよ
ということは
ここは……
ラブホ
だよ

そうだったんですか!?
すみません
僕こういったことに不案内でして……
あっ
もう学校行かないと遅刻する!!
ガラッ
おはよー
え……？
峰さんと毛モジャが
昨日と同じ服装で同じ時間に登校してきたぞ……？
ざわ…
あの二人が付き合ってるって噂マジだったの!?

服飾専門学校ではカップルでどちらかの家に泊まった時翌日は
相手の服を借りて着てひっそりと
「私たち昨日セックスしました」アピールをするのが伝統なので
男子宅泊まり
ぶかぶか
女子宅泊まり
ピチィ…
昨日とモロに同じ服装で登校という事態には学校全体に噂が走ることとなった
峰さんと毛モジャが付き合ってるんだって！
峰って人と毛モジャって人が付き合ってるんだって！
あのAV出てる人と前にめっちゃ毛生やしてた人が付き合ってるんだって!!
そしてAV女優の彼氏であることが広く知れ渡ると とある現象が起きる!!

AV女優の彼氏になると起こる現象
Vol.70
AV女優の彼氏（童貞）
①めちゃくちゃセックスが上手いと思われる
なあ俺にもなんかすごい技教えてよ～
いえそういうのは特にないんで……
じゃあどうやってやってんの？
僕は別に何も……
童貞↓
ワイ
ワイ
すげえ！
そこまでの境地に達すると何もしなくてもAV女優を満足させられるのかよ!!
セックス師匠!!
←童貞
②雑魚モテするようになる
何読んでるの～？
どっちの糸のほうが合うと思う？
ハトメ硬くて打てな～い
手伝ってくれない？
ちや
ほや
なぜかというと!!

「峰なゆかの彼氏を奪ったったぜ！」
というショボい称号で承認欲求を満たせる女というのはそこらへんにウジャウジャいるからだ!!
ウジャ
ウジャ
はい！
かいさーん!!
毛モジャが自分の作業できないでしょ！
なゆかさん僕は別に大丈夫ですよ
ギュム
そうだよ〜
毛モジャ君に相談したかっただけなのに……
なんか私が悪者っぽい空気……
ぐぬぬ……
しばらくは毛モジャから目を離さないようにしておかないとな……
ヴーッヴーッ
こそこそ
もしもし峰さん？
マネ君？授業中なんだけど
峰さんってパスポート持ってる？
持ってるけど

それじゃあ明日から某南の島3泊5日の海外ロケ入るから!!
某国
イヤアアア!!
今が一番毛モジャを監視するべき時なのに!!
次の日
某南の島だよ!?
峰さんは楽しみじゃないの!?
某南の島っつっても仕事だし……
「観光」
俺らの旅の目的はサイトシーイングだからね!?
間違っても「仕事」とか「撮影」とか言っちゃダメだからね!?
う……うん……
いいのか……?

そして飛行機に乗ること数時間――……
シュゴー
つーか観光目的でこんなデカい撮影機材大量に持ってくってかなり怪しいんじゃ……
ワイワイ
うわあ！アダルトグッズがぎちぎちに詰められたスーツケースが透けてる!!
じ……
予想通り現地の空港で揉めてるぞ……？
!!
……
あっ金を渡した！
マネーOK？
OK!
いいのかよ!?

ヨッシャ!!
着いたぞ!
俺めっちゃ楽しみで寝られなかったっす!
オイオイこれからだろ~
なんでみんなこんなにテンション上がってるんだ……?
よし 今日はもうホテル行って峰さんは明日のためにゆっくり休んで!
ポム
まだ5時ですが
そして俺らは夜の街に繰り出す!!
CLUB
BAR
girl
なぜ男はやたら旅先で買春したがるのか!?

おっ
俺このバイブ持ってっちゃお!
ルン♪
ちょっとそれ私が明日使うやつじゃん!!
絶対やめて!
はーあ
ヒマだな……
テレビも何言ってるかわかんないし……
毛モジャにも連絡できないし……
みんな楽しげに出かけて行ったし……
DAY 1
私はすでにこのロケが辛くて一人で泣いていた!!
うう……
おうちに帰りたいよ~

おはようございまーす
今回のロケをガイドしてくれるゴンザレス田宮さんだ
よろしくお願いしマス
Vol. 71
青い空　白い雲
今日はこの無人島で青姦撮影だ！
うわあ
すごい綺麗な景色！
でもこんな無人島でアダルト撮影なんてよく許可出ましたね
許可取ってナイヨ
この島誰かの持ちモノ
いいのかよ!?
ダイジョーブダイジョーブ
ここの持ち主滅多に来ナイ
HEY!!
いいのか……？

青い空……
白い雲……
広がる海……
こんな場所では黒人とのファックが似合うんだけどなあ……
峰さんが黒人NGだからなぁ……
ちょっと!!
人を人種差別主義者みたいに言うのやめてくれます!?
私はちんぽがデカすぎる人がNGなだけです!!
解説しよう!
AVの黒人モノに求められるのはちんぽのデカさだ!!
モザイク越しでもわかるちんぽのデカさ!!
あがが…

もちろん黒人でも別にちんぽが平均サイズの人もいるがそういう人はまず弾かれる
そう言うわけで黒人AV男優といえばアジア人ではまずお目にかかれないペットボトル級のデカさなのだ
500ml!
私の虚弱まんこが耐えられる気がしない……
ちんぽデカい人NG＝黒人NGになる
ちなみに黒人は竹下通りとかでスカウトしてくるらしいよ!
日本のAVなんて母国の人見ないからバレないって〜
ところでちんぽは何センチ?
しょうがないからイケ男くんで撮るしかないか
南の島にバカンスに来たカップルの雰囲気で!
はーい
まずはおっぱいを揉むところから—……
もみ…
痛アッ!!
えっ
俺そんな強く揉んでた!?

違う！
砂浜の中に透明な謎の小さい虫がたくさんいて
それが肌に噛み付いてくる!!
カプゥ
ん～
透明だからカメラに映んないしそのまま続行で!!
痛ッ！
痛ッ！
カプ
カプ
峰さん「痛い」は禁句だよ!!
イッ……
いいッ!!
すごい！
すごく……（痛い）!!
イッ……（痛い）!!
おまんこがすごく……（噛まれてる）!!
俺も……すごい……（金玉の裏噛まれてる）ッ!!
一発目から盛り上がってるなあ
いいこと いいこと
ガク
ガク
ガク
ガク

イ……ッ
（痛い）!!
やっと終わった……
ハァ
ハァ
じゃあ船で戻りまーす
あっ私その前にトイレに……
トイレなんてないヨ
ガサ
ガサ
野ションするしかないのか……
一応草むらに入る
キャアーッ!!
草むらでまんこを露出させただけであらゆる虫が寄ってくる!!
ブゥーン

海の中で
するといいヨ
ブル…
ブル…
そっか……
う……
小さい頃の
プール以来の
感覚……
さーて
トイレの後は
手を洗って……
パシャ……
なんか変だね？
？
よし！
今日の
撮影も終了！
そして
俺たちは
夜の街に
繰り出すッ!!
CLUB
BAR
DAY2
ザァ
ザァ
洗っても洗っても
まんこから砂が
出てくる……
早く帰り
たい……

Vol. 72
潮風にイカされる女
うーん いい天気!
こんな日は船上ファック日和だな!
ボボボボボボ
船の音が結構うるさいな……
喘ぎ声はいつもの3割増しにして
風も強いから貞子状態になる恐れがある
髪をスプレーでガチガチに固めて……
シュ
バサッ
AV女優歴もそこそこ長くなった私は場に合わせるということを学んでいた!
成長
ガチ
ガチ

そして場をどう活用しようか悩んでいる人間がもう一人いた
この床じゃ正常位とかできないし
できる体位っつったら立ちバックか駅弁くらいか……
パターン1
パターン2
他にもっと船上であることを活用できる方法はないのか……？
ウムム…
そうだ!!
どうだ!!
船首大股開き!!

どうって言われても……
ボボボボ
風でまんこが乾くとしか……
おお！流れてゆく波!!
離れゆく小島!!
迫りくるまんこ!!
最高の絵面だ!!
そして峰さんの反応は……!?
何かのリアクションを期待されている……!!
どうすれば……!?
ギ…
ああっ♡

潮風が……
潮風がクリトリスに当たって感じるッ♡
潮風しゅごいっ♡
もうダメッ♡
イッちゃうっ♡
こうして潮風にイカされる女が誕生した!!
イク―――ッ!!

いい絵面が撮れた～！
峰さん すごい よかったよ！
時間余っちゃったし船で釣りでもしよっか
わー
私釣りって初めて！
釣れるかな～？
ポチャ
くい
くい
ザパ
すごい！
釣りってこんな簡単に釣れるもんなんですね！
ココ禁漁区だカラ魚釣られるの慣れてなくてすぐ釣れる
いいのかよ!?

アッ
海亀が
釣れた!!
ベロ
安尾
ひえっ
海上保安官
みたいな
人が来た!!
ピーーーッ
めっちゃ
怒られてる！
そりゃ
そうだ！
金を
渡した！
マネー
OK?
ベロ
安尾
OK!
いいの
かよ!?
DAY3
釣れた魚はホテルで
捌いてもらって
刺身にして食べた
やっぱ
熱帯魚って
あんま美味しく
ないよな〜
いいの
か……？

Vol. 73
日本人4名が勾留
今日は最終日だから自由行動の日!
筆下ろしできたら百万円
ヤッター! そんな日あるんだ
なので俺らはゴンザレスさんの案内でさらにディープな夜の街に昼から繰り出すッ!!
筆下ろしできたら
じゃあ私はビーチでカクテルでも飲みに行こっかな
あっ このへん女の一人歩きは危険だから峰さんはホテル内にいてね
筆下ろしできたら
早く家に帰りたい……!!

まあ気を取り直して
ホテルのカフェで
ランチでも食うか
スパイシー？
No spicy！
超辛い
じゃん‼
あれっ
なゆゆも
来よったん？
黒ギャル
ちゃん！
なんで
いるの？
飛行機代ケチる
ために監督とか
AD君は残って
ウチは明日から撮影！
撮影1
撮影2
DAY 1
DAY 5
DAY 10

一人で寂しかったんだよ～
私の部屋で何語かわからないテレビでも見る？
そんなんよりせっかく某南の島来とるんやからショッピングでも行こーや
ショッピング！
行きたい！
BOU MINAMI NOSHIMA
ウチこの国何回か来たことあるから任せてや！
わーい！ありがとう！
GO GO!
まずは寂れた公園に行って……
寂れた公園……？
暇そうに立ってる男を探してチラチラ見るんや
暇そうな男……？
チラ
チラ
そうするとあっちから声かけてくんで
hey！

What do you want?
マリワナ
ショッピングってマリファナのことかよ!!
買えたで〜！
やっぱこっちのは安いなあ！
ウチの部屋で一緒にやろうや
私は遠慮しとく……
フラ…
DAY 4
私は日本から持ってきたうさぎのぬいぐるみを抱っこしながら一人で泣いていた!!
しく しく
おにぎりとかうどんが食べたい……
日本語が恋しい……
毛モジャに会いたいよ〜

翌日
いよいよ私とマネ君だけ帰国！
親が見たら泣くビデオ
そんじゃあウチはビーチでのファックに向かうで！
虫噛んでくるから気をつけてね！
シュゴーー。。。
は～日本！
日本語が通じる～！
別にたいして上手くないはずの空港の蕎麦が超うめ～！
おっ日本語のテレビ！
懐かし～
それでは本日のニュースです
某南の島でアダルトビデオの撮影をした疑いで日本人４名が勾留されています
ゲッホ!!

ゴンザレスはAVメーカーからお金を受け取っていたが
警察にさらに多額の賄賂を渡されて撮影真っ只中の現場に警察を案内していた！
AVメーカー
ゴンザレス
現地警察
ゴンザレス〜!!
AV撮影は某南の島では密漁よりマリファナ所持より罪が重いらしく某南の島の新聞一面を飾り日本でも報道された
SHIMATIME
勾留されているのは住所不定アダルト女優の小倉カンナ容疑者26歳他3名
小倉カンナ(26)
DAY5
黒ギャルちゃんのスッピンと実名実年齢が地上波で流れる
あっぶねー
私が後半組だったら私が捕まってたってことじゃん！
ていうか黒ギャルちゃん大丈夫なのか!?

Vol.74
感動の再会
某セルメーカー
ウィーーン
私もう海外での撮影はNGだからね！
もうメーカーも二度と企画しないと思うよ……
ところで今日は何しにここまで来たの？
今日は峰さんのキスマーク入りサイン色紙を百枚作成する！
ドサ
ドサ…
ファンの人にもよくキスマークリクエストされるんだけどさ〜
ぶちゅ
ほら〜
グロスしか塗ってないから小汚い油染みみたいのしかつかないよ！
そんなこともあろうかと百均で真っ赤な口紅を買っておきました！
けいれん
480円
百均大好きマン

1枚目
よし！
これならちゃんとキスマークになる！
10枚目
毎回口紅塗り直さなきゃいけないのがめんどいな～
ぬりぬり
30枚目
だんだん唇が痛くなってきた……
ぶちゅぶちゅ
50枚目
色紙の紙質に唇の水分を奪いまくられる!!
80枚目
明らかに唇が腫れてキスマークがどんどんデカくなっている!!
初期
後期
100枚目
私の唇の皮の切れっ端がくっついてるけどやっと終了……！
おつかれ～
今日はもうこれで仕事終わりだよ
私千疋屋でも寄って帰ろうかな～？
う!?

オタクの臭いがする!!
ぷ〜ん
あ!
JR恵比寿駅 東口
峰なゆかじゃない!?
一部のAVオタクには恵比寿ガーデンプレイスに某セルメーカー本社があって
AV女優がちょくちょく来ることは知られていたので
AV女優と無銭でコミュニケーション取りたいオタク達の溜まり場になっていたよ!
今日は誰が来るかな?
ワイ
ワイ
なゆかちゃん握手してください!
一緒にチェキ撮らせて!
一番のファンです!
ちょっと急いでるんで〜
あれっなゆゆやん
黒ギャルちゃん!?
黒ギャルちゃん握手してください!
一緒にチェキ撮らせて!
一番のファンです!
ちょっと急いでるんで〜

黒ギャルちゃんもう出て来れたんだ！
めっちゃ賄賂払ったらしいで
大丈夫だった？
海外で捕まると同室に日本語通じるヤツおらんからむっちゃ暇でな～
朝と夜に歯磨きタイムあるんやけど
その時こっそり歯磨き粉を指に擦り付けておくんや
ぬりぬり
そうすると摩擦力が上がって指でムダ毛が抜きやすくなるでウチずーっとスネ毛抜いとってツルツルやで!!
ぬき…
ぬき…
なゆゆもいざというときのために覚えときや!!
ものすごく特定の人にしか役立たない豆知識
うん……
でもさあ黒ギャルちゃん実名で報道されてたじゃん
ウチ友達にも隠しとらへんし親とは縁切っとるから別に誰にバレてもかまへんもん
ノーダメージやで

カンナ！
カンナやろ⁉
うわっ
本名で報道されたからって早速本名呼びのオタクが現れた！
しょーもな……
カンナ‼
おとん⁉
え？
黒ギャルちゃんのお父さん？
ニュースでお前の名前見てなあ
2ちゃんねるで会う方法調べてきたんや！
今更なんなん⁉
ウチおとんとは縁切っとるやん⁉

俺なあ……
糖尿病末期らしくてもう両脚切り落とさんとダメや言われて
そんなんなら死んだほうがマシや思うて……
死ぬ前にお前に会おう思うて……
死んだら嫌や！
カンナ……!!
おとん……!!
数年ぶりの親子の邂逅――……!!
AV女優になって海外で捕まってもたまにはいい話になることもあるもんなんだね……
だな……
カンナぁ……
おとん……
ホロリ

Vol. 75
湯けむり童貞スナイパー
久しぶりの学校〜！
そして久しぶりの毛モジャ！
キュン
アイヌ民族もんよう集
私が休んでる間何かあった？
服飾史の授業はア・ラ・フランセーズまで進んだのと
シルクスクリーンの実習があったのと
他には？
ヤマモトヨウジの講演会があって
浮気相手とハワイに行ったら頭にヤシの実が落ちてきた話を聞いたのと
他には？
そう言えばほっこり手芸部さんからクッキーをいただきました
クッキー？

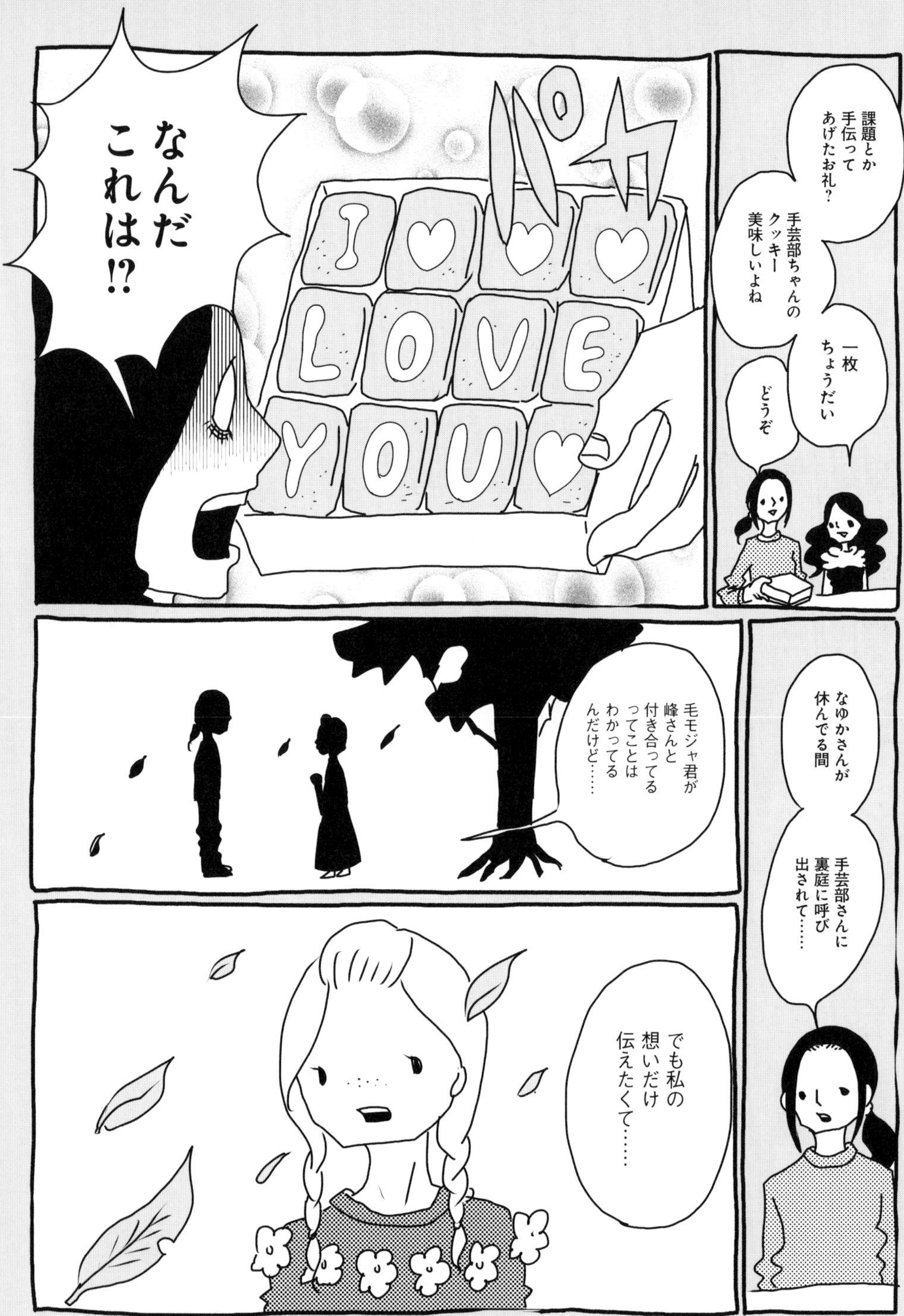
課題とか手伝ってあげたお礼？
手芸部ちゃんのクッキー美味しいよね
一枚ちょうだい
どうぞ
パカ
I LOVE YOU
なんだこれは!?
なゆかさんが休んでる間
手芸部さんに裏庭に呼び出されて……
毛モジャ君が峰さんと付き合ってるってことはわかってるんだけど……
でも私の想いだけ伝えたくて……

好きです!!
あんの野郎〜!!
アイツはなー！
避妊もちゃんとできなくて私から中絶費用借りた女なんだぞ！
とか言いたいけど言えねえ〜!!
そんな恩義を忘れるようなゴミ女が作ったこんな生ゴミクッキーは今すぐ捨てろ!!
とかやりたいけどできねえ〜!!

えーっと……それで手芸部ちゃんにはなんて答えたのカナ!?
キュル
今はなゆかさんとお付き合いさせていただいているのでとお断りしました
ホ
……「今は」ってなんだ?
毛モジャは引き続き雑魚モテしてるし……
くるみボタンの作り方教えて〜
ロックミシンの糸ってどうやってかけてんだっけー?
でもこういう格好の男も
付き合うのはこんな感じの女なんだよなぁ……
やっぱ毛モジャもああいう女のほうが好きなのかな……

早く……
一刻も早く毛モジャとセックスしなければ!!
ガリ…
童貞は初めてセックスした相手にベタ惚れになる習性があるからな!!
童貞インプリンティング
筆下ろし係
元童貞
よちよち
セックスさえしてしまえばこっちのもんだ!!
でも私の部屋はハウスダストがあるからダメ……
ラブホもダメだったとなると……
温泉旅行だな!!
ケロヨン

毛モジャ〜！
次の週末
空いてる？
はい
空いてます
そして次の週末
毛モジャ
お待たせ〜！
ほっこり女子っぽい服装にしてみた
なゆかさん
今日はなんだか
いつもと雰囲気
違いますね
そう？
毛モジャも
お弁当
買いなよ！
やっぱ
崎陽軒
だよね〜
えっと……
今日は遠出
するんですか？
箱根に
行くよ！
……もしかして
泊まりですか？
あれ？
言って
なかった
っけ？
しれっ

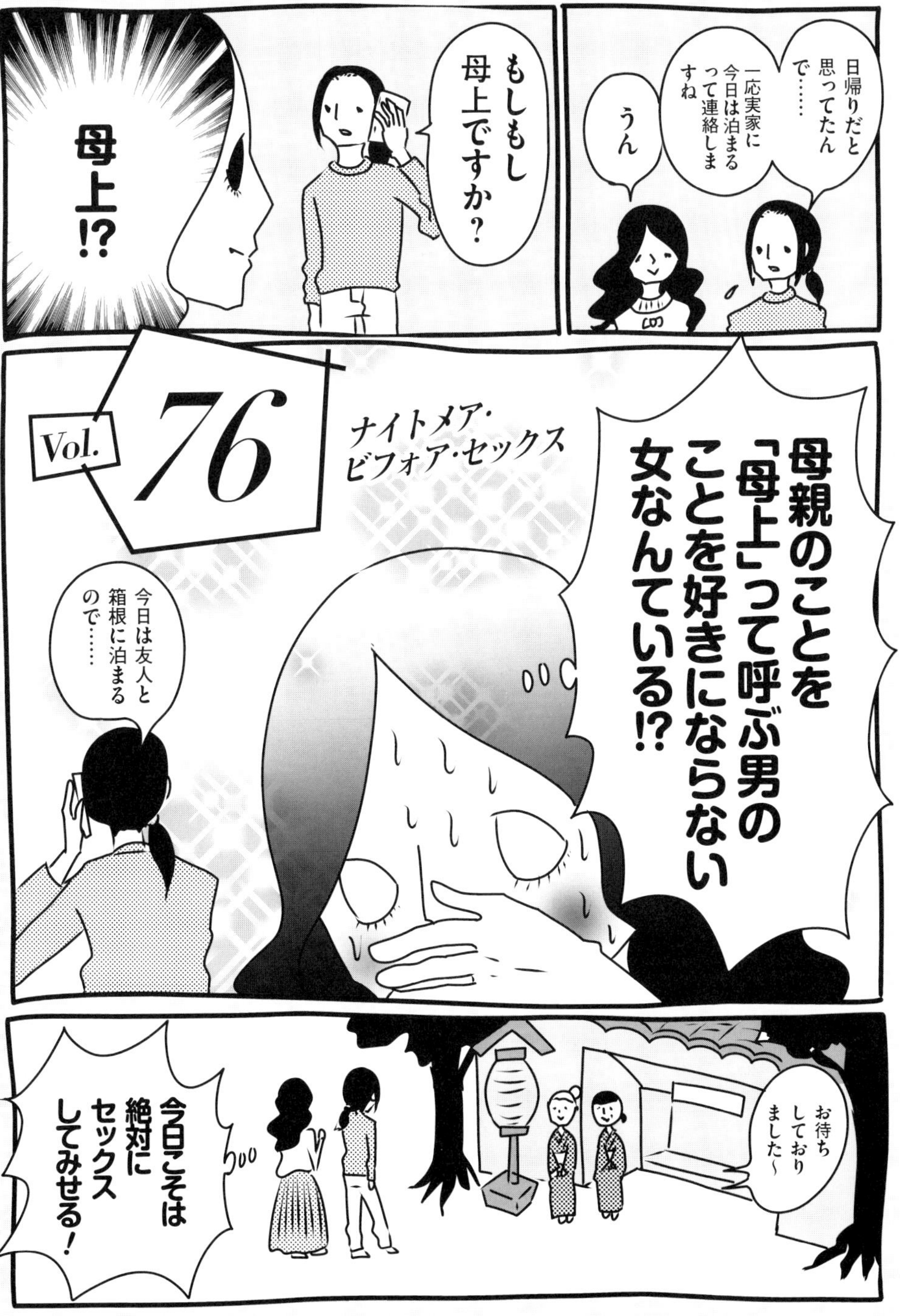
日帰りだと思ってたんで……
一応実家に今日は泊まるって連絡しますね
うん
もしもし母上ですか？
母上!?
Vol. 76
ナイトメア・ビフォア・セックス
母親のことを「母上」って呼ぶ男のことを好きにならない女なんている!?
今日は友人と箱根に泊まるので……
お待ちしておりました～
今日こそは絶対にセックスしてみせる！

ほっこり女子たちよ!!
このオラにほんのちょっとずつだけ
ほっこり感をわけてくれ!!
女子は浴衣が選べるんだ〜♡
どれにしようか迷っちゃうな〜
わーい!露天風呂がお部屋にある〜♡
DVD借りられるみたいだから夕ご飯の後にでも観る?
『ナイトメア・ビフォア・クリスマス』観た〜い♡
DVD 借し出し

わ〜♡おいしい♡
こんなの初めて食べた〜♡
あっビール注ぐね！
は〜♡
ちょっと酔っちゃったかも♡
あっ将棋が置いてある！
できる？
父とよくやってました
つよ〜い♡
すご〜い♡
ほっこり
絶対勝てな〜い♡
ほっこり
どうだ!!
私だってほっこりしようと思えばできるんだ!!

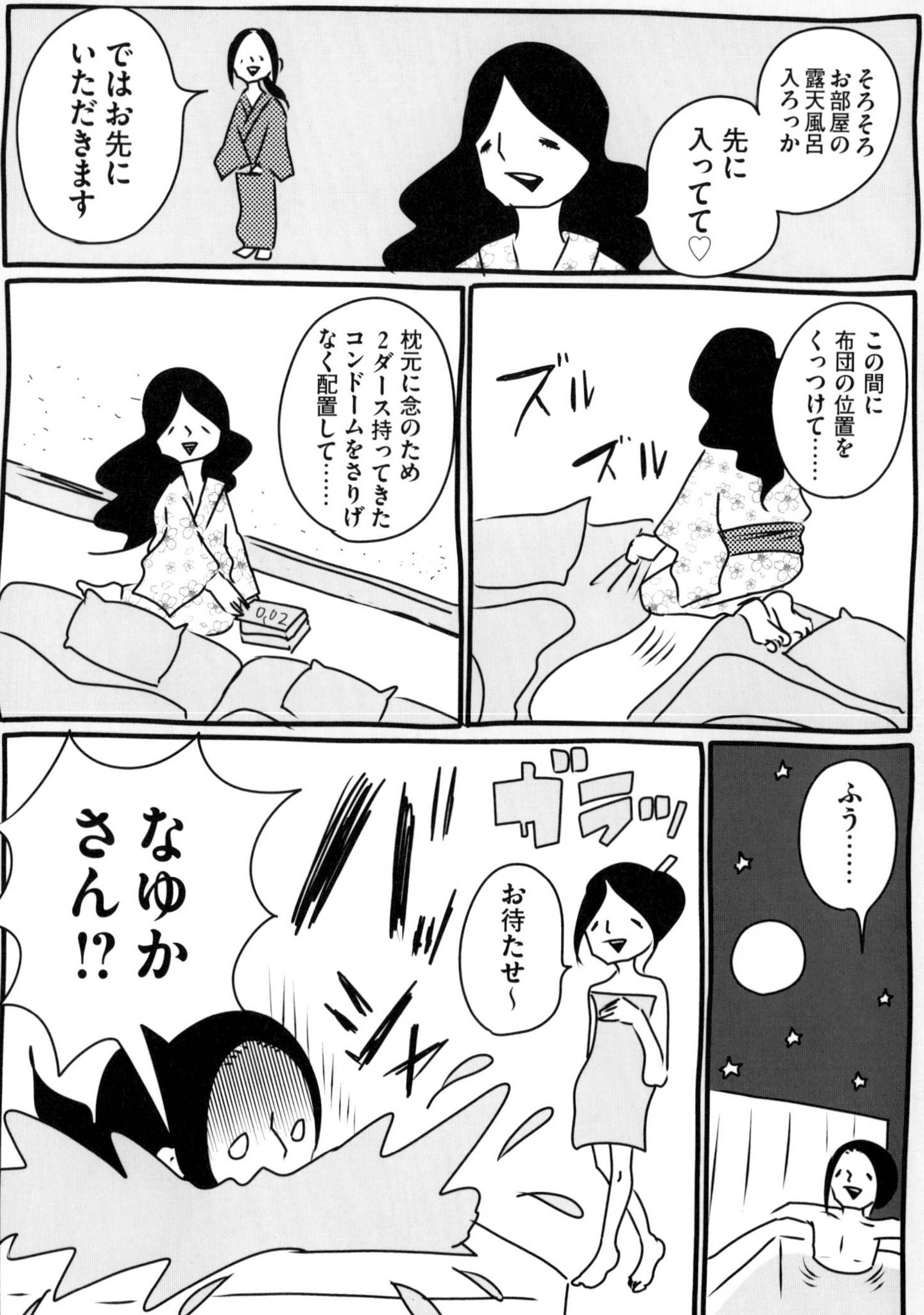
そろそろお部屋の露天風呂入ろっか
先に入ってて♡
ではお先にいただきます
この間に布団の位置をくっつけて……
ズル
ズル
枕元に念のため2ダース持ってきたコンドームをさりげなく配置して……
0.02
ふう……
ガラッ
お待たせ～
なゆかさん!?

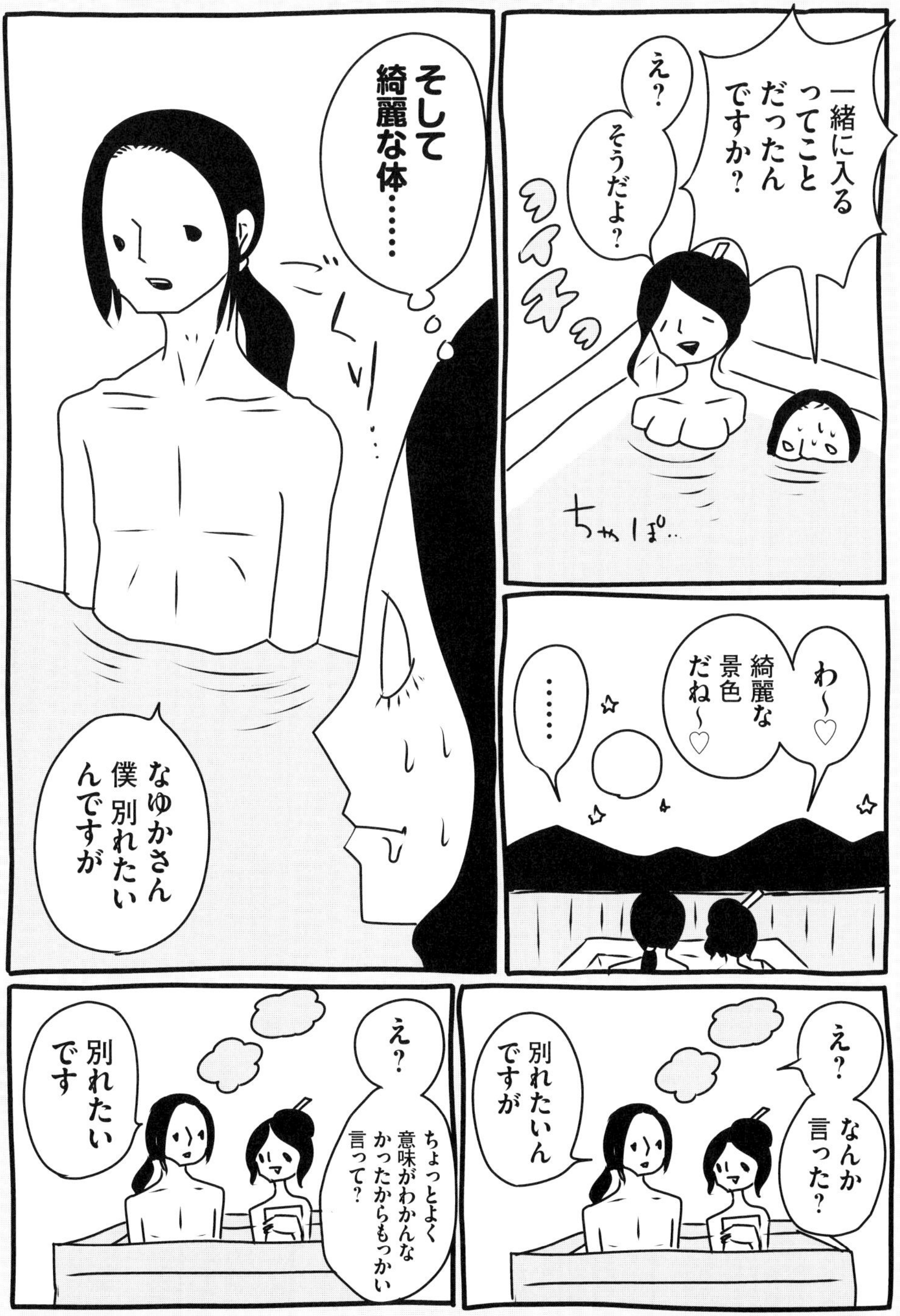
一緒に入るってことだったんですか？
え？そうだよ？
イチャ
ちゃぽ…
わ～♡綺麗な景色だね～♡
……
そして綺麗な体……
ごく…
なゆかさん僕別れたいんですが
え？なんか言った？
別れたいんですが
え？ちょっとよく意味がわかんなかったからもっかい言って？
別れたいです

はい？
ふ……
ふ……
ふざけん
じゃねえよ!!

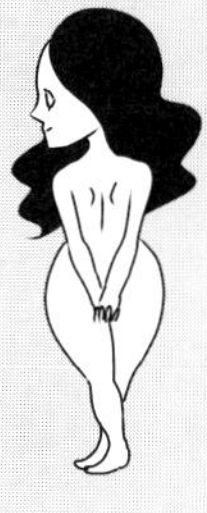

to be continued......

特別対談

峰なゆか

最果タヒ

AV女優のイメージ。詩人という概念。既存の像をぶち壊す二人が目指す「嘘をつかない表現」

取材・文／吉田大助

峰なゆか

漫画家。女性の恋愛・セックスについての価値観を冷静に分析した作風が共感を呼ぶ。『アラサーちゃん 無修正』（全7巻）、『アラサーちゃん』（KADOKAWA）はシリーズ累計70万部超のベストセラーに。『もっとオシャレな人って思われたい!』などエッセイも執筆

×

最果タヒ

2006年、現代詩手帖賞受賞。第一詩集『グッドモーニング』で中原中也賞を受賞。詩集『夜空はいつでも最高密度の青色だ』で現代詩花椿賞を受賞。最新エッセイ『神様の友達の友達の友達はぼく』、短編集『パパララレレルル』発売中

AV業界を生きる人々の姿を通して、人間の抱える弱さや生きづらさ、愚かさなどさまざまな側面を浮き彫りにしている本作。今回の対談のお相手は、現代社会を生きる者たちの感情を緻密な言葉で捉えて創作を続ける詩人・最果タヒ。SNSではときおり交流し、お互いに作品の感想を投稿したりもしているなゆかと最果タヒが考える「嘘をつかない表現」とは。

峰　10年以上前に、たまたま私が持っていた文学フリマのチラシを見た当時の彼氏が、最果さんの名前を見つけて反応したんです。というのも、自作の詩を載せる交流サイトで、最果さんとやりとりをしたことがあったらしいんですね。私としては彼氏が昔書いていた詩をめちゃくちゃ読みたかったんですけど、「詩なんて

書いてたの!?」と笑っちゃったら、怒って読ませてくれなかった。だから、最果さんにお会いして、彼氏が書いていた詩のことを伺おうと思って文学フリマに行ったんですよ。めちゃめちゃ失礼な動機ですよね（笑）。ただ、行ってみたら最果さんがいなくて……。

最果　文学フリマは知り合いの詩の同人チームが参加していて、私は詩集を置いてもらっていただけなんです。

峰　そうだったんですね。結局、その日は最果さんの詩集だけ買って帰ったんです。そこで私はほぼ生まれて初めて詩というもの自体に触れたんですが、「あれ？詩っていいじゃん」と。最果さんの詩は、読むたびに「すげぇ!」ってなるんですよ。冷蔵庫にあるものでこんなのできちゃうんだ!というのと同じ感じで「言葉でこんなことできるんだ!」って毎回思う。私が描いている漫画だったら、セリフがヘタでも絵でフォローできたり、ここに面白い感じのイラストを入れておけばなんとか間が持つだろうとか、いくらでも誤魔化しが利くんですよ。でも、詩って誤魔化しが利かないじゃないですか。逃げ場がない表現をガッツリやってるというのが本当にすごい。

最果　ありがとうございます。

峰　その後SNSでたまにやりとりをしたり、私が最果さんの書評を書いたりという機会はあったんですが、リアルでお会いするのは今日が初めてですよね。

最果　だいぶ前でしたよね、私のTwitterをフォローしてくださったのは。フォローの通知を見た時、「あれ!?」って思いました。

峰　最果さんとどこかでお会いした時に、彼氏の情報を聞こうという下心でフォローした気がする（笑）。

最果　自分が知っている文化圏の人にフォローされるという経験が当時ほとんどなかったから、すごくびっくりしました。その少し後で、たまには冗談ばっかり投稿してないで詩でも投稿しようかなって、短い詩をなんとなくTwitterに投稿した時に、峰さんがすごい速さでいいねを押してくださったんです。その時は、Twitterで詩なんて誰も読まないだろうなと思っていたんですよ。峰さんからいいねをもらったことで、「あっ、続けよう」と思った覚えがありますね。

峰　最果さんが、『AV女優ちゃん』の1巻が出てすぐの時に、AV女優のサイン会にやってきた脚に障害がある人の回についてツイートしてくださったじゃないですか。「弱者からさらなる弱者への視点」ということを、何回かに分けて熱心に感想をツイートしてくださった。あれがものすごくうれしかったし、描いてよかったと思ったんです。

最果　人が人を弱者とみなすということ

サイン会に訪れた脚の不自由な男性に「さらなる弱者」として罵声を浴びせられる（1巻より）

痴漢に遭ったことで「私にも女としての価値がある」という理解をしてしまったなゆゆ（1巻より）

の暴力性について書いてあるけれど、でもそれを読んで感じるのが「弱者とみなしたい」と思う人の本能というか、感情の部分で。そのことがはっきりと描かれていたのが心に刺さりました。単純な被害と加害の話というよりは、根っこにある人間の欲求に直接触れた気がしたんです。人と人の関わり合いにおいて逃れられない欲求なのじゃないかと思えて……。そんな本質的な部分を抉る描き方をされているのがとても好きだなぁと思いました。あと、1巻で衝撃的だったのは、修学旅行で東京へ行って一人で電車に乗っていたら、痴漢をされてしまった話。それをきっかけに、自分には「女としての価値」があると考えるようになってしまうところがもう、しんどいよ〜ってなってしまって。女には「女としての価値」がなきゃいけない、と思わせている社会がいけないわけじゃないですか。その社会に対する怒りも湧くんですけど、でもこれを読んでまず思うのが「なゆちゃん!!」っていう当時の峰さんへの個人的な心配で。個人的にそう思うからこそ、より社会への思いも強まっていくというか……。今も読み返すと、「なゆちゃん!!」って叫んじゃいますね（笑）。

峰　私もあの場面を描いた時は、そんなふうに思ってしまっていた自分が可哀想で「なゆちゃん!!」ってなりました（笑）。

「男って汚い」とならずに「女って汚い」となる凄み

――『AV女優ちゃん』は「自伝的フィクション」と銘打たれています。前作『アラサーちゃん』も男女の生態描写がリアルでしたが、次はより生々しいものを描こうという感覚だったんですか？

峰　より生々しいものを描こうという感覚はなくて、ただAV女優のことをありのままに描きたいなと思ったんですよね。最果さんが従来の詩人という概念をぶち壊しているように、私も従来のAV女優という概念を壊したかったんです。世の中が思っているイメージとはだいぶ違うよ、リアルはこうだよ、と。

最果　人って相手の肩書とか、仕事とか出身地とかで勝手に物語を見いだして、勝手に相手を理解したつもりになってしまう。それがすごく苦手だなと思っているんですが、峰さんの漫画ってそういう思考回路を解体してしまうんですよね。『アラサーちゃん』の時もそうでしたが、ゆるふわちゃん、サバサバちゃん、非モテちゃん、というようにキャラクターの名前がそれぞれの属性になっているじゃないですか。最初に現れた時は「そういう人なんだな」と思うんだけど、たくさんの人と関係を築いて人生のいろいろを経てこういう人間になったというのが、読んでいくうちにだんだん見えてくる。そうすると「ゆるふわ」とか「サバサバ」って名前が遠くなっていくんです。その感覚が面白いし、解体されていくその過程を目撃できる、というのはとても貴重な時間だなと思います。

峰　私も最初は「ゆるふわ」とか「サバサバ」って名前からそのキャラクターをイメージしていくんですが、描いていくうちにステレオタイプなイメージにおさまらない個性が出てきて、変わっていくんですよね。その人のことを、どんどん理解していく感覚があります。『AV女優ちゃん』で言うと、爆乳ちゃんは最初は全然こんな感じの子になる予定ではなかった。

最果　私はずっと、爆乳ちゃんが心配です（笑）。

峰　爆乳ちゃんは、騙されるようなかたちでAVデビューをしているし、最初は超可哀想なキャラだったのが、「私、事務所の社長と付き合ってるから～」みたいな面が出てきたりとか、今はドッグランで会ったお医者さんと付き合ったりしていて。

最果　今の爆乳ちゃんのほうが好きですね。「なんて可哀想なんだ！」と思って見ている時よりも、「お、爆乳ちゃん、お？」となりながら見ている時のほうが、ずっと爆乳ちゃんに近づけている気がして、簡単に理解できないことがむしろすごく嬉しいなと思います。

峰　よくあるAV女優物語だったら、爆乳ちゃんがAVに強制出演させられてはい終了、はい可哀想でしたね、ってところで出番がなくなったと思うんですよ。それだけでは終わらないよ人生は、っていうところが描きたかった。

最果　そこがすごくいい！

――主人公はAV女優ちゃん＝峰さんですが、いろんなAV女優さんたちの話でもありますよね。いろんなアプローチから、AV女優という概念を壊しているように感じます。

峰　だいたい1巻ごとに一人ずつ、各キャラについて描いていく予定なんです。1巻は私の過去編で、2巻は痴女さんの過去編、今回の3巻は白ギャルちゃんの過去編が入っている。私、治安の悪い女フエチなんですよ。『オレンジ・イズ・ニュー・ブラック』という女子刑務所を舞台にした海外ドラマがあるんですけど、そこに治安のめちゃくそ悪い女がたくさん出てきて、現在のあれこれの中に少しずつ登場人物たちの過去が挿入される。その形式を少し意識しています。

最果　3巻の白ギャルちゃんの話は、ダメージが大きかったですね。AV女優をしていることが学校にバレちゃって……という事件から、白ギャルちゃんの過去編に入って、家の話になりますよね。

峰　お母さんは、男の子を産めってものすごくおばあちゃんにいびられていた。でも、おばあちゃんが亡くなった後で遺された昔の日記を読んだら、おばあちゃんも旦那さんの家に男の子を産めと言われて、ひどい扱いをされていたという。

最果　そのことを話してきたお母さんに対して、白ギャルちゃんが「女って汚い」と思うコマがあるじゃないですか。おばあちゃんからお母さんに受け継がれてしまったものを知った時に思うのが、「女って汚い」なんだ……って。二人を苦しめた価値観や環境への違和感とかではなく、まずその結論になってしまう、ということにものすごいしんどさを感じました。

峰　そこに気づいてもらえて、めちゃめちゃうれしいです。何か事件があった時に、女の側に罪をまとめちゃう人が多いじゃないですか。例えば自宅のトイレで赤ん坊を出産し死亡、みたいなニュースが流れた時に、ネットでは女のほうばっかり叩かれる。それは違いますよね。でも、そういう感性を持っちゃっている人って、男性だけではなく女性にもいる。白ギャルちゃんもそうなんですよね。

最果　私がこのコマが好きなのは、白ギャルちゃんが「女って汚い」と思ってさしまった理由が詳しく書かれるわけではなく、たぶん、このことだけでそう思ったわけではないだろうに特にそこは開示されていなくて。それが、白ギャルちゃんの中にあるものの根深さをより感じて好きでした。設定としてではなく、急に一人の人間が目の前にボンッ、と出てきた感じがして、忘れられなくなりました。

峰　私も、白ギャルちゃんは一番自分とは遠いキャラというか、よくわからないキャラなんです。今後わかっていけるように、少しずつ話を進めていこうと思っているところです。

その一か月後に妊娠したこと
それが私の父親であることを
それはもうこれまで見たことのない笑顔で話してきて私は思った
女って汚い
白ギャルちゃんの祖母も母も「子供を産めないと価値がない」と虐げられてきたが、祖母のつらい過去を知った母親は同情することなく満面の笑みを浮かべる（3巻より）

自分の恋愛エピソードは需要があるのか不安だった

――2巻後半からは、女性キャラクターたちの友情もクローズアップされていきます。3巻で描かれた、AVの撮影後に熟女さんの家で急遽始まった女子会のシーンは幸福感がありました。

最果　距離の縮まり方が早くていいな、と思いました。

峰　一緒にセックスした仲間ですから（笑）。AV女優は、同じセックスワーカーじゃないとなかなか友達になれないんですよ。男と女が友達になるのが難しいみたいな感じで、セックスワーカーと非セックスワーカーが友達になるのって、壁があって難しいんです。相手から「AV女優なんだ」と、自分とは違うという目線で見られちゃうから。お互いAV女優だったら壁がないし、絆が深まるのも早い。だいたい男に対して絶望している女が多いので、友達の比重がデカくなるということもあります。

最果　女子会ではみんな、今まで言わなかったり見せなかったりしていた部分をさらけ出してはいるんですけど、単純にみんなで心を開き切って仲良くなれました、って感じにはなっていないですよね。どこまで自分をさらけ出すか、「そこはダメだけど、そっちは見せてくれるんだ！」って描写で、それぞれのキャラクターの人格が出ている。白ギャルちゃんは、女子会でも見せてないところが多いというのも気になりました。

峰　白ギャルちゃんは女が嫌いなんですよね。だから女に対してズルいことをしたりもするし、他の女優さんにもまだあんまり心を開いてない。そこがさっき話した、私の中で白ギャルちゃんは一番自分とは遠いキャラだなぁと思う理由なんです。私は女という生き物が好きだし、女の友情が好きなんですよ。女の友情の何がいいって、常に一番は彼氏で、女友達って二番なんですよね。一番の位置って、危ういんですよ。いろいろなウザいことをぶつけられるのも一番だし、別れたら縁が切れてしまう。二番はその話を聞いて「ひどいね」「別れて正解だよ」とか言っていればいいから、二番でいるほうがトクなんです（笑）。

プリンの空き容器やワンカップの空き瓶でドンペリを乾杯。妙に和む AV 女優女子会の様子（３巻より）

最果　私は友達がいないからあまり説得力があることは言えないんですが、友情も愛情じゃないですか。あまたいる人の中からその人を特別扱いするっていう意味では、友情も恋愛もあまり変わらないし、友情に肩入れしすぎるとなんだかんだ頭がおかしくなってくる感じも恋愛に似ている。それこそ学生時代は「親友」という勲章が強くあった時期だったから、余計にそこは強く感じていました。それこそ「一番」の友達に認定されたりしたり、という気持ち悪さがありました。

峰　今、恋愛は頭がおかしくなるとおっしゃっていたのがうれしかったです（笑）。ちょうど3巻の終わりで主人公は、頭がおかしくなっているところなんですよ。

——同級生で童貞の毛モジャは、主人公視点では超イケメンに描かれるんですが、客観視点ではのぺっとした顔で描かれている。漫画という表現の良さが出ていますね。

峰　本当にこう見えたんだから、しょうがないですよね（笑）。私のこの恋のエピソードは完全に実話なので、恥ずかしいです。本人が読んでいたら、「俺、こんなに愛されちゃってたんだ」みたいに思われてイヤだなと。ちなみに、これが詩を書いてた彼氏なんです。

最果　そうなんですか！　じゃあその方は、服も作っていた？

峰　もともと最初は、詩人になりたかったらしいんです。そっちはあきらめて、服を作ることを始めたんです。

最果　毛モジャに恋しているなゆかちゃんは、全部のコマが可愛いです。

峰　そうなんですよ〜、可愛いんです。初恋というか、私が頭がおかしくなる恋をしたのは一生に一回、これくらいなんじゃないかと思っています。それまでセックスに一生懸命で、恋っていうものを全然していなかったし。

最果　なゆかちゃんの恋ですてきだなと思うのは、初めての恋だと特に、頭がおかしくなりがちじゃないですか。その人とどうなりたいか、自分はどうしたいかが本人にも見えていないことで、闇のほうに進んでいっちゃうパターンもあると思うんです。でも、なゆかちゃんは初恋のエネルギーが全部外に向いていて、すご

なゆゆの目を通すとイケメンに見えてしまう初恋の相手・毛モジャ

く空回りしちゃっているんだけど、全部行動と言葉に出ていて、そこがめちゃくちゃ可愛いし面白いです。

峰　よかった！　私、自分の恋愛エピソードを描きながら、「これ需要あるのかな？」と思っていたので（笑）。

「嘘だ！」アラートに耳を澄ませながら描く

――さきほど峰さんは「最果さんは従来の詩人という概念をぶち壊した」とおっしゃっていました。ご本人は意識されていましたか？

最果　詩人はこういうもの……というイメージはありましたけど、「自分が追う必要はなくね？」って思っていたかもしれません。人が作ったイメージに合わせるのはめんどくさいし、そんなに詩人をガッツリやろうとも思っていなかったんですよね。だから「詩人ってこういうものでしょ」と言われるよりも、「最果タヒはこうじゃん」と言われる時のほうが、うーん、となることが多いです。名前のイメージが身に覚えのない方向にどんどん脚色されているのとか、どうしてもあるんですけどやっぱりなかなか慣れないです。「最果タヒは、こうだから好きじゃない」と言われたりするんだけれども、その「こう」にはまったく身に覚えがないこともよくあって……。「いったい誰の話をしてるのかな？」って。

峰　私も、仕事を依頼してくださる方からたまに言われる「峰なゆか節でお願いします」は、私の嫌いな言葉ランキングのかなり上位に入っていますね。「節」って何だよ、と。

最果　めちゃくちゃわかります。「最果さん節で」とか「最果タヒさんらしく」と言われると、絶対裏切ってやるって思ってしまう（笑）。あと、もしそのオーダーに応えるようなものを出したとしても、マンネリって言うんじゃないのって（笑）。書いていても、自分らしさをなぞっていたら私が楽しくないですし……。本当は名前なんか気にしないでもらって、作品だけ読んでもらえたらなぁと思っちゃう。名前で仕事するって、めんどくさいことも多いなって思います。

峰　AV女優も詩人も、最初は世の中的に凝り固まったイメージとの戦いみたいなものがある。そこから名前が独り歩きするようになると、それはそれでまた「節」との戦いが出てくる。

――最果さんは顔出しをされていませんし、エッセイでも「ぼく」の人称を使って描かれることがあります。自分と作品との距離感についてどうお考えですか？

最果　自分じゃなくなるために書くところがあります。言葉は絵と違って入力するだけなので、出ていくスピードがものすごく速い。そうやって書いていると語感とリズムでパッと、自分の頭の回転を超えて何かが出るみたいな瞬間があるんです。それが気持ちいいから、それをずっとやっているって感覚が大きいです。たまにエッセイの依頼で「もっと内面をさらけ出して書いてください」と言われたりするんですが、それはそれで別の技術がいるんです。さらけ出せば面白いと思っている人は、さらけ出して自分の話を書かれている人のすごさを全然わかっていない。自分の起きた人生を俯瞰したうえで、ストーリー化して、なおかつエンターテインメント化するわけじゃないですか。峰さんの『AV女優ちゃん』がまさにそうで、さらけ出しているけど面白くて可愛い話になっている。自分にはできないことだなって思います。

峰　自分のことを描くだけじゃなくて、それを素材に使ってちゃんとお話を作らなきゃいけないというのは、いつも気をつけているところではありますね。

――素材として捉えるためには、最果さんがおっしゃったような俯瞰する視点が必要？

峰　そうですね。年齢も重ねたし、俯瞰できると思ったから描き始めたんですけど、うーん。「自分は馬鹿なんじゃないか？」と思うことが多すぎて、サクサク描けるわけじゃないですね。「なんでこいつAVに出てるんだろう？」とか思い出して、筆が止まっちゃう（笑）。

最果　その「なんで？」から全てが始まるわけですもんね。私も自分の話を書く時は、「なんで？」にどこまで向き合うかが大事だと思っています。特にエッセイの場合は、考えながら書くんですよね。例えばこの間、よくものを盗んでいた幼少期の友達のことを書いたんです。最初はその子を肯定しようと思っていたんですけど、書いていくうちに「別に肯定しなくても良くない？」って思い始めて。まとまりのいい話にするんだったら肯定して終わりでいいんですけど、「嘘だ！」って自分の声が聞こえるんですよ。「いや、違った。書こうとしていたことは嘘だった」って、自分の考えが変わったところまで含めて書くというのを、自分なりのエッセイの書き方にしているんです。

峰　それ、すごくわかります。描いてる時に自分の中で「嘘だ！」って警報が鳴ります。例えば、こういうセリフにしたほうがストーリーがサッと進められるのはわかるけど、このキャラは絶対こんなこと言わない。「嘘だ！」アラートがジリジリジリと。

最果　そのポイントでしっかり粘って正直に書くと、読んでくださった人から「あそこが好きでした」と言われたりします。ものを作り続けてくると、反射的にうまくまとめようとしちゃうじゃないですか。それまで読んできた作品のテンプレートなど作用して、綺麗なストーリーの流れが見えてきてしまう。そこをはねのけていかないと面白くならないし、書いている側も面白くない。読む人のほうが厳しいですからね。読んでいる人が「この作品、嘘ついてるな」と思った瞬間の、信頼のなくし方は強烈ですから。

――『AV女優ちゃん』3巻の最後は、毛モジャと二人で温泉旅行へ行くものの、毛モジャに別れたいと言われるところで終わっています。ようやく結ばれるかと思ったのですが……。

峰　むしろ別れを切り出されるという。

最果　悲しい……。

峰　でも安心してください。そんなことであきらめる私ではないですから！（笑）

AV女優ちゃん 3

2022年2月10日　初版第1刷発行

著　　者　峰 なゆか
発 行 者　久保田榮一
発 行 所　株式会社 扶桑社
〒105-8070　東京都港区芝浦1-1-1
電話　03-6368-8875（編集）
03-6368-8891（郵便室）
www.fusosha.co.jp

装　　丁　濱中幸子（濱中プロダクション）
印刷・製本　大日本印刷株式会社

ISBN 978-4-594-09038-8

初出
週刊ＳＰＡ！2021年4月20日号～2022年1月25日号

この作品は、著者がAV女優として活動していた2000年代のAV業界を描いた、半自伝的フィクションです。